Sonnenstrahlen des Geistestrainings

Namkha Päl

Sonnenstrahlen des Geistestrainings

Ein Kommentar zum Sieben-Punkte-Geistestraining

mit einem Vorwort von Geshe Thubten Ngawang

aus dem Tibetischen übersetzt und mit einer Einleitung
versehen von Dr. Cornelia Weishaar-Günter

Theseus Verlag

Die Deutsche Bibliothek - CIP-Einheitsaufnahme

Nam-mkha'-dpal:
Sonnenstrahlen des Geistestrainings : ein Kommentar zum Sieben-Punkte-
Geistestraining / Namkha Päl. Mit einem Vorw. von Geshe Thubten Ngawang.
Aus dem Tibet. übers. und mit einer Einleitung vers.
von Cornelia Weishaar-Günter. - Berlin : Theseus-Verl., 1997
Einheitssacht.: Blo sbyoṅ ñi-ma'i 'od-zer <dt.>
ISBN 3-89620-107-7

ISBN 3-89620-107-7
Titel der tibetischen Originalausgabe: Blo sbyoṅ ñi ma'i 'od zer

Übersetzung ins Deutsche: Dr. Cornelia Weishaar-Günter

© der deutschen Übersetzung 1997 by Theseus Verlag, Berlin

Umschlaggestaltung: Morian & Bayer-Eynck, Coesfeld
Titelbild: © Eva-Maria Raff
Lektorat: Renate Noack
Druck: Wiener Verlag, Himberg
Printed in Austria
Gedruckt auf alterungsbeständigem Papier mit chlorfrei
gebleichtem Zellstoff

Inhaltsübersicht

5

7

8

Vorwort von Geshe Thubten Ngawang

Ich werfe mich nieder vor Bodhicitta,
das die Pfade zu den schlechten Daseinsbereichen versperrt,
den Weg zu den höheren Daseinsbereichen weist
und zur Freiheit von Altern und Sterben führt.

Die »Sonnenstrahlen des Geistestrainings«, die als die »Zehn Leuchten der Lehre« bezeichnet werden, stammen von Hortön Namkha Päl, einem der Schüler des Mañjuśrī-Lama Tsongkhapa. Sie wurden hier von Dr. Cornelia Weishaar-Günter direkt ins Deutsche übersetzt, einer Schülerin von Dagyab Chetshang Rinpoche, die sich mit unermüdlicher Hingabe bemüht, die großen Texte aus Indien und Tibet zu studieren. Dabei besprach sie mit mir viele Fragen, die die genaue Bedeutung der Worte betrafen, und jetzt hat sie mich für die Veröffentlichung gebeten, die Unterweisungen des Geistestrainings vorzustellen und ihren Ursprung sowie ihren Zweck zu erklären. Da ich davon überzeugt bin, dass im Deutschen sowohl die Worte als auch ihre Bedeutung sorgfältig wiedergegeben sind, werde ich hier ihrem Wunsch entsprechend kurz etwas zu diesen drei Punkten schreiben.

Einführung in die Unterweisungen des Geistestrainings

Alle Unterweisungen unseres gütigen Lehrers Shakyamuni Buddha, seien sie nun in der Tradition der Schriften des Großen oder des Kleinen Fahrzeugs, beginnen mit dem Rat, vom Töten Abstand zu nehmen, und führen direkt oder indirekt zu Liebe und Mitgefühl, zum Nutzen für andere. Unter ihnen jedoch sind es die Texte über Bodhicitta, in denen besonders klar und ausführlich gezeigt wird, wie man die Absicht, anderen Nutzen zu bringen, üben kann.

Für uns gewöhnliche Menschen ist es schon schwierig, auch nur Mitfreude zu empfinden; aber wenn auch nur ein geringer Teil dieser Unterweisungen in unserem Bewusstseinsstrom seinen Platz findet und wir zumindest ein grobes Verständnis davon erlangen können, ist es für uns sehr bedeutungsvoll und ein großes Glück.

Bei den Praktiken, die (alle) Fahrzeuge miteinander teilen, wünschen sich die Menschen die Befreiung und üben Mitgefühl, indem sie denken:

11

»Wie schön wäre es, wenn alle Lebewesen in dieser Welt, gleich ob von hohem oder niedrigem Rang, arm oder reich, vom Leiden und seinen Ursachen befreit würden«; und sie üben Liebe, indem sie denken: »Wie schön wäre es, wenn sie einen glücklichen Zustand und seine Ursachen hätten.« Es heißt, dass es sehr wichtig ist, seinen Geist zu Beginn jeder Praxis in dieser Weise zu üben.

Auch wenn man irgendwelche Gelübde nimmt, seien es die zur individuellen Befreiung (Pratimokṣa) oder andere, wird gelehrt, dass man sich davon abwenden muss, anderen zu schaden und von allem, was dazu führt. Es ist leicht zu verstehen, dass damit der Praxis von Liebe und Mitgefühl der Weg bereitet wird.

In den Schriften der Bodhisattvas folgt man dem Beispiel unseres gütigen Lehrers (des historischen Buddha): Aus den Jātaka- Erzählungen ist zu ersehen, dass er zuerst zum Wohl der anderen eine Einstellung entwickelt hat, mit der er die anderen höher schätzen konnte als sogar sich selbst, und dass er dann die Verantwortung auf sich genommen hat, die grenzenlose Zahl der Lebewesen ohne Ausnahme von ihren Leiden zu befreien. Wenn man die verantwortungsvolle Last auf sich nimmt, den anderen Wesen zum Glück zu verhelfen und, ganz gleichgültig wie lange es dauert und wie viele Mühen man dabei auf sich nehmen muss, nicht den Mut verliert und nicht mehr um Haaresbreite davon abzubringen ist, so hat man die innere Stärke entwickelt, die als Bodhicitta bekannt ist.

Als »Mahāyāna-Geistestraining« bezeichnet man Unterweisungen, die tiefgründige Methoden beinhalten, mit deren Hilfe auch Personen, die zuerst nichts anderes als Nutzen für sich selbst im Sinn haben, so üben können, dass sie ihre Selbstsucht allmählich verringern können. Die Selbstsucht, die hier gemeint ist, betrifft nicht alle unsere Bestrebungen, innerhalb unseres Menschenlebens z. B. Freunde, einen (gesunden und schönen) Körper und Wohlstand zu haben. Was hier darunter verstanden wird, ist unser subtiler Wesenszug, nicht darauf zu achten, ob wir den anderen im weitesten Sinn – den Menschen, Tieren oder den tausenderlei Dingen unserer äußeren Umwelt – Schaden zufügen oder ob sie in Zukunft Schaden davon haben werden, wenn für uns selbst dabei auch nur ein kleiner Nutzen entsteht. Mit Hilfe welcher Religion oder welcher logischen Systeme wir diese Einstellung auch prüfen, man wird durch die Kraft dieser Analyse bestätigen können, dass sie so schädlich wie Gift ist.

Deshalb sind diese Unterweisungen des Mahāyāna-Geistestrainings sofort für andere von Nutzen und bringen langfristig sowohl uns selbst wie die anderen mit dauerhaftem Glück in Verbindung. Deshalb sind sie eine unübertreffliche Methode und ein guter Weg. Wenn man ununterbrochen jeden Tag auch nur ein Wunschgebet machen kann, ist es ein großes Glück – lassen wir beiseite, wie es wäre, wenn wir uns in diesen Unterweisungen des Geistestrainings übten und sie in unserem Bewusstseinsstrom verwirklichen könnten.

Im »Eintritt in das Leben zur Erleuchtung« wird (das Geistestraining) mit folgenden Worten ausgiebig gepriesen:

>»Im Überblick über viele Zeitalter
>haben die Buddhas seinen Nutzen gesehen usw.«

Der Ursprung dieser Lehrüberlieferung

Schon in den Jātaka-Erzählungen und im »Sūtra vom Weisen und vom Tor« gibt es viele Berichte, wie zum Beispiel den, dass unser gütiger Lehrer (der historische Buddha) in seiner Lebenszeit als das große Wesen Thachung, der Sohn des Wegbereiter-Königs, seinen Körper einer Tigerin zum Fraß gab und ähnliche Berichte.

Zudem ist allgemein bekannt, dass im Avataṃsaka und anderen Sūtras klar von den Praktiken der Liebe, des Mitgefühls und des Bodhicitta die Rede ist und in den Prajñāpāramitā- Sūtras – in der ausführlichen, mittleren, zusammengefassten Form usw. – direkt die Leerheit, indirekt oder in verborgener Weise jedoch die Methode gelehrt wird, wie man sich in Liebe, Mitgefühl, Bodhicitta und auf ihrer Grundlage in den unermesslichen Handlungen (der Bodhisattvas) übt.

Die berühmtesten und wichtigsten Texte, die deren Sinn erklären, sind das »Kompendium der Übungen« und der »Eintritt in das Leben zur Erleuchtung«, beide von dem großen indischen Gelehrten Śāntideva; »Kostbarer Kranz von Ratschlägen für den König« von Ārya Nāgārjuna; der »Eintritt in den Mittleren Weg«, Wurzeltext und Kommentar von Candrakīrti; die »Lampe auf dem Weg zur Erleuchtung« Wurzeltext und Kommentar von Atīśa sowie sehr viele andere.

Im achten Kapitel des »Eintritts in das Leben zur Erleuchtung« heißt es:

>»Wenn man das eigene Glück und das Leiden der anderen
> nicht wirklich gegeneinander austauscht,
> wird man die Buddhaschaft nicht erreichen
> und auch im Daseinskreislauf nicht glücklich sein.«

Nāgārjuna sagte:

>»Gib Vorteil und Sieg den anderen;
> nimm Verlust und Niederlage auf dich selbst.«

Der Sinn dieser und anderer Aussagen ist die Methode, wie man den Geist übt, indem man sich selbst mit den anderen gleichsetzt und austauscht. Sie findet sich in den Unterweisungen, die über die Linie des glorreichen Mañjuśrī, Nāgārjuna und Śāntideva überliefert wurden und die der glorreiche Atīśa direkt von seinem Lehrer Maitrīyogi hörte, bekannt als die Linie der umfassenden Aktivität. Außerdem verband er sie mit der von Maitreya über Asaṅga und anderen überlieferten Methode, wie man seinen Geist in der siebenfachen Unterweisung von Ursache und Wirkung übt. (Atīśa) selbst wurde zum unübertrefflichen Inhaber dieser Lehren.

Der Kadampa-Geshe Tschäkhawa Yeshe Dorje wurde 1042 in einer Tantriker-Familie geboren. In jungen Jahren wurde er Mönch. Er hörte zahllose Unterweisungen des Geistestrainings der Kadampas sowie von Rächungpa ausführlich die Lehren des Dschetsün Milaräpa und dachte über alles nach. Insbesondere stützte er sich zwölf Jahre lang auf den großen Lehrer Sharawa und übte die Unterweisungen, wie man sich selbst mit den anderen gleichsetzt und austauscht, indem er sich im Hören, Nachdenken und Meditieren übte, so viel er nur konnte. Es gibt viele Berichte darüber, dass er im Geistestraining Zuversicht und Meisterschaft erlangte. In einigen Biografien heißt es, dass er gesagt haben soll:

>»Für Bauch und Rücken nahm ich die Niederlage auf mich
> und übte mich dann im Verhalten eines verwundeten Wildtiers.
> Ohne Rücksicht auf meine eigenen Wünsche
> habe ich entsprechend den Anweisungen meiner Lehrer nach den
> Schriften geübt.
> Selbst wenn ich jetzt sterbe, werde ich keine Reue haben.«

Erklären wir diese Worte: »Bauch« bezieht sich auf Essen, »Rücken« auf die Kleider, die auf dem Rücken getragen werden. In beidem »nahm ich die Niederlage auf mich« bedeutet, dass er mit Wenigem oder Schlechtem zufrieden war.

»Ein verwundetes Wildtier« ist eines, das vom Jäger mit einem Geschoss oder anderswie getroffen ist. »(Ich) übte mich dann in (dessen) Verhalten« heißt, dass er ohne Anhaftung an Nahestehende, an Körper oder an Reichtum die Selbstsucht als Feind betrachtete und angstvoll davor zu fliehen suchte.

»Ohne Rücksicht auf die eigenen Wünsche« bedeutet, dass die Verwirklichung seiner Wünsche, die nur auf dieses Leben oder nur auf den eigenen Nutzen, den glücklichen Zustand des Friedens (Nirvāṇa), bezogen sind, nicht das Wichtigste für ihn war und dass er ihnen wenig Beachtung schenkte.

»(...) habe ich entsprechend den Anweisungen meiner Lehrer nach den Schriften geübt« – die Anweisungen, die ihm seine Lehrer – Sharawa und andere – gaben, sind die Stufen, wie man sich selbst mit den anderen gleichsetzt und austauscht. Ihnen entsprechend hat er nach den Schriften geübt, die aus der indischen und tibetischen Überlieferung stammen. Aufgrund dieser Übung konnte er sagen: »Selbst wenn ich jetzt sterbe, werde ich keine Reue haben.«

Es gibt auch andere Äußerungen dieser Art von ihm. Auf dem Totenbett sagte er dann, dass seine Wünsche nicht in Erfüllung gehen würden. Als ihn seine Schüler nach dem Grund fragten, erklärte er, dass sein einziger Wunsch sei, zum Wohle der Lebewesen in die Höllenbereiche zu gehen, er jedoch jetzt nur Wahrnehmungen des (Reinen Bereichs) Dewatschän habe. Und er sagte: »Wenn jemand in der Welt nur ein Wort hören kann, gibt es kein schöneres Wort als ›Geistestraining‹. Deshalb ruft es mir ins Ohr.«

In dieser Weise gab er seinen Schülern viele Unterweisungen über die geistige Kraft des Austauschens (der eigenen Vorteile) gegen die der anderen. Aus Sorge, dass all die Unterweisungen des Geistestrainings von Atīśa und seinen Schülern verloren gehen könnten, fasste er alle Stufen des Mahāyāna-Geistestrainings in sieben Kapitel zusammen und legte schriftlich dieses Werk nieder, das als »Die Sieben Punkte des Geistestrainings« bekannt ist. Er starb im Alter von 75 Jahren.

Über den Autor der hier vorliegenden »Sonnenstrahlen des Geistestrainings« habe ich keine gesonderte Biografie gefunden. Es ist jedoch sicher, dass er um 1400 lebte und ein direkter Schüler Tsongkhapas war. Die hier vorliegende Schrift ist ein sehr klarer Kommentar zu den »Sieben Punkten des Geistestrainings«, weder zu ausführlich noch zu knapp, nach dem man gut meditieren kann. Wir haben sehr großes Glück, dass er ihn verfasst hat und die mündliche Kommentar-Tradition (khrid) von damals bis heute nicht abgebrochen ist. Auf diese Weise kann man leicht seinen Weg zu den umfassenden (Aktivitäten) und den anderen Übungen finden.

Darüber hinaus hat der große Mañjuśrī-Lama Tsongkhapa in seinem großen und mittleren »Stufenweg zur Erleuchtung« gezeigt, dass die Entwicklung von Bodhicitta den einzigen Zugang zum Grossen Fahrzeug darstellt. Diesen Punkt hat (Namkha Päl) mit den Vorteilen (dieser Übung) zu einem Abschnitt zusammengefasst und dazu die Meditationsmethode, geschmückt mit Quellenangaben und Unterweisungen der früheren Kadampas, klar und ausführlich dargestellt.

Gungthang Tänpäi Drönme hat ein sehr bedeutungsvolles Lob ausgesprochen: »Wenn man die Unterweisungen der sieben Ursachen und Wirkungen und diejenigen des Gleichsetzens und Austauschens von sich selbst mit anderen miteinander verbindet und darüber meditiert, ist es eine Methode zur Entwicklung der höchsten Einstellung, die den anderen stark überlegen ist.«

Diese hervorragende Kommentar-Tradition (khrid), die für uns Anfänger von größtem Nutzen ist, ist bis zu meinem eigenen gütigen Lehrer und Abt, Dargön Khänsur Dschetsün Losang Dschampa, von der Essenz her Vajradhara selbst, und zu vielen anderen Gelehrten und Siddhas (gelangt) und in den vier Dharma- Schulrichtungen Tibets bis heute vorhanden.

Der Nutzen oder das Ergebnis

Aus dem obigen ersten Abschnitt und der Lebensgeschichte des großen Tschäkhawa lassen sich der Nutzen und das Ergebnis (des Geistestrainings) klar ersehen. Es heißt, dass die Selbstsucht der Beginn aller Schwierigkeiten ist und dass die Wertschätzung anderer die Basis für alle guten Qualitäten darstellt. Oben wurde die Selbstsucht schon erklärt: Es ist die Bereitschaft, anderen kurzfristig Schaden zuzufügen, um (eigenes Leiden) zu beseitigen. Sie ist so negativ wie ein Stück Gift, da man damit langfristig sowohl sich selbst wie den anderen Schaden zufügt. Das Gegenteil davon ist die Wertschätzung anderer. Damit ist nicht gemeint, dass ein religiöser Mensch seine Zeit ständig damit verbringen sollte, andere Menschen mit den Händen zu massieren, zu streicheln oder Ähnliches, sondern eine große Geisteskraft: Die früheren Bodhisattvas haben jeden Tag ihres Lebens so geübt, dass sie sich um das Wohl anderer bemüht und das eigene Wohl vernachlässigt haben. Damit haben sie kurzfristig anderen Nutzen gebracht und langfristig nebenbei auch das eigene Wohl verwirklicht. Dazu gibt es Beispiele in zahllosen Lebensgeschichten.

Zumindest sollte man seine eigenen Gedanken daraufhin prüfen, ob eine schlechte Einstellung gegenüber irgendeinem Menschen dieser Welt, wer auch immer es sein mag, entsteht. Sobald die Idee aufkommt, ihn zu töten, oder Waffen, die dazu beitragen können, herzustellen, oder auch, wenn man mit Wünschen für sich selbst danach strebt, ihn mit verschiedenen Mitteln zu beeinflussen und so weiter, sollte man überlegen: »Oh, ich bin unter den vernunftbegabten Menschen dieses Weltbereichs geboren und behaupte von mir, einen guten Charakter zu haben. Aus meiner eigenen Erfahrung weiß ich, dass ich in Körper oder Geist kein Leiden erfahren möchte, ja nicht einmal etwas davon hören möchte. Das ist bei allen anderen Lebewesen genauso. Wie könnte es deshalb richtig sein, wenn ich anderen Schaden zufüge.«

Auch wenn man diese Einstellung nicht länger als ein paar Minuten halten kann, so wirkt es doch der oben genannten Selbstsucht um gerade dieses Maß entgegen. Das können wir uns mit unserer Erfahrung klarmachen: Wenn ein Mensch so übt, ist es wie bei jemandem, der immer reicher wird, wenn er einmal etwas spart, zweimal etwas spart – es besteht dann die große Hoffnung, dass ihm im 21. Jahrhundert entsprechender Wohlstand zuteil wird.

Dabei muss man von klein an schrittweise üben, denn wie könnte man plötzlich dazu kommen? Auch wenn man von diesem hervorragenden Weg, dem Geistestraining der Bodhisattvas, nicht mehr als ein oder zwei Prozent schafft, sollten die Lehrer, die in den Schulen Verantwortung tragen, an Kommentaren und Erklärungen geben, was sie nur können, und auch die Zuhörer sollten aufmerksam sein und sich um Wege bemühen, ihre Kinder von klein an dazu zu erziehen, anderen möglichst wenig Schaden zuzufügen. Wenn man ordiniert ist, ist es sehr wichtig, darüber hinaus mit guter

Absicht zum Wohl anderer, für die Harmonie unter den Menschen und so weiter so viel geistigen Reichtum wie möglich zu erwerben.

Heutzutage wenden einige Buddhisten die Sprache derer an, die einen hohen Grad an Realisation in der Sichtweise erlangt haben. Danach sind Glück und Leid bloße Hinzufügungen durch Konzepte. In Wirklichkeit sind gut und schlecht, Glück und Leid von einem Geschmack und darum gibt es weder Nutzen noch Schaden.

Natürlich sind solche Erklärungen möglich, natürlich kann man im Allgemeinen mittels der Sichtweise von der letztendlichen Realität Glück und Leid in einen Geschmack überführen. Aber das entspricht dem Beispiel, dass für den Buddha ein schlechter Geschmack als höchster Geschmack erscheint, d. h., es ist nicht für alle Lebewesen gültig.

Von hohem oder niedrigem Stand, Tatsache ist, dass wir selbst und andere 24 Stunden am Tag unwillkürlich damit beschäftigt sind, nach etwas Nützlichem zu streben – es geht schon damit los, dass wir morgens beim Aufstehen etwas Angenehmes in der Zeitung zu lesen erhoffen! Genauso schrecken wir vor allem Unangenehmen und vor dem geringsten Schaden zurück. Hoffnung und Furcht nehmen ihren Platz in unserer Erfahrung ein, ohne dass wir in der Lage wären, es zu verhindern. Jedes Wesen, welches auch immer es ist, versucht ohne Unterlass im Rahmen seiner Möglichkeiten, Glück zu verwirklichen und Leid mitsamt seinen Ursachen zu überwinden. Deshalb können Glück und Leid, (auch wenn sie nur) konzeptuelle Bezeichnungen sind, nicht als nicht-existent verstanden werden. Dazu gibt es einen Dharmavers aus den Unterweisungen zu Bodhicitta:

»Was der Gegner dem Gegner oder aber
der Feind dem Feind antut –
im Vergleich dazu entsteht sehr viel größerer Schaden
durch einen falsch geführten Geist.«

Das heißt: Was auch immer sich Feinde oder zwei Menschen, die sich als Gegner betrachten, gegenseitig an Schaden zufügen mögen – im Vergleich dazu ist der Schaden wesentlich größer und schwerwiegender, den uns die Leidenschaften im Geist zufügen, also Anhaftung, Hass und so weiter. Sie werden im eigenen Bewusstseinsstrom seit anfangloser Zeit durch eine falsche Geisteshaltung ausgelöst.

»Vater und Mutter haben es nicht bewirkt,
andere Verwandte und Freunde haben es nicht bewirkt;
ein viel höheres Gut als das ihre
wird durch den vollkommen geführten Geist hervorgerufen.«

Das heißt: Die eigenen Eltern, Verwandten und Freunde versuchen zwar,
für uns so viel Gutes oder so viel Nutzen zu bewirken, wie sie nur können;
das ist jedoch vorübergehend. Ein viel höheres Gut, das dauerhafte Glück,
wird durch die Vollkommenheit im eigenen Bewusstseinsstrom bewirkt –
durch eine heilsame Geisteshaltung, Geduld, Ausdauer, Liebe, Mitgefühl
und so weiter, die durch richtige geistige Vorstellungen hervorgerufen werden.

Der große Mañjuśrī-Lama Tsongkhapa hat gesagt:

»Wenn die Gedanken gut sind,
sind auch die Bhūmis und Pfade gut;
wenn die Gedanken niedrig sind,
sind auch die Bhūmis und Pfade niedrig.«

Diese Aussage, aber auch allein schon die Bezeichnungen der Unterweisungen – »das Geistestraining, Angenehmes und Leidvolles auf den Weg
zu nehmen« und ähnliche Namensgebungen – zeigen uns den großen
Nutzen dieses Mahāyāna-Geistestrainings.

Ich widme alles Heilsame im Wunsch, dass alle Wesen sämtliches Leid
überwinden mögen.

Hamburg, im Oktober 1996   *Geshe Thubten Ngawang*

Einleitung

Eine freundliche, liebevolle Grundhaltung zu den Wesen gilt als allgemein menschlicher Wert – in allen Kulturen hoch geschätzt und oft auch mit religiösen Inhalten verbunden. Der Buddhismus bildet hierbei keine Ausnahme.

Wie jedoch kann man diese Liebesfähigkeit, die im Menschen natürlich angelegt ist, in ihrer Entfaltung fördern und unterstützen? Die Antwort der einzelnen Religionen und humanistischen Philosophien ist unterschiedlich und in der praktischen Umsetzung oft nicht unproblematisch. Das sehen wir zum Beispiel daran, wie genervt wir uns von den hochmoralischen Reden so mancher Religionsvertreter fühlen können. Mitunter wirkt der Versuch, liebevoll zu sein, gerade bei religiösen Menschen so künstlich, dass man fast nur darauf wartet, dass irgendeine Explosion endlich das wahre Gesicht unseres Gegenübers zu Tage fördert. All diese Fehlentwicklungen sind auch unter Buddhisten zu finden.

Auf der anderen Seite gibt es viele, deren spontanes Mitfühlen mit den Wesen sie zu Aktionen veranlasst, die den vorgegebenen Rahmen der etablierten Religionen bei weitem sprengen. Kein Wunder, dass viele von uns skeptisch geworden sind, ob man Liebe und Mitgefühl überhaupt trainieren kann und ob insbesondere die Religion so hilfreich dabei ist. Vielleicht geben wir es einfach auf, anders sein zu wollen, als wir sind – umso besser, wenn wir ein freundliches Wesen haben, aber wenn nicht, so müssen wir und andere eben damit leben, dass wir mürrisch und ichbezogen sind.

Geistestraining zur Veränderung von Gewohnheitsmustern

Diese resignierte Haltung ist jedoch, laut Buddha, ganz unangemessen: Denn das, was wir jetzt als unsere Natur empfinden, ist nichts Schicksalhaftes – in Wirklichkeit sind es unsere geistigen Gewohnheiten, die über Existenzen fortgesetzt werden und sich dabei zum eigenen Charakter verfestigen, den schon kleine Kinder bei ihren ersten Bewegungen im Mutterleib eindrucksvoll demonstrieren und an dem sich auch eineiige Zwillinge unterscheiden lassen. Gewohnheiten sind jedoch prinzipiell form- und veränderbar, auch wenn sie sehr verhärtet sein sollten. Sie sind jedenfalls nichts, womit man sich unabdingbar abfinden müsste.

Alles, was wir jetzt tun und denken, prägt uns und bildet unsere inneren Muster, die über diese Existenz hinausreichen. Als Träger dafür postuliert der Buddhismus entweder ein Basis-Bewusstsein (alaya-vijñāna) oder ein subtilstes Bewusstsein, dessen Ursache-Wirkungs-Kontinuität sich im Moment der Befruchtung mit den genetischen Substanzen des Körpers verbindet und dessen Existenz in tiefer Meditation erfahren und bestätigt werden kann.

Mit anderen Worten: Unsere geistigen und körperlichen Daseinsfaktoren (Skandhas) sind das, was wir jetzt als unsere Person begreifen. Sie bilden zwar während eines Lebens gemeinsam ein Wesen und beeinflussen sich gegenseitig bis zu einem gewissen Grade, haben jedoch ihre eigene Geschichte: Die geistigen Faktoren entwickeln sich auf der Grundlage des subtilsten Bewusstseins, das sich aus früheren Existenzen fortsetzt, die körperlichen entstehen aus Ei- und Samenzelle der Eltern.

Nimmt man eine sehr weite Perspektive ein und betrachtet das Zusammenspiel aller Wesen über viele Existenzen, so wird deutlich, dass die Übung positiver geistiger Gewohnheiten sehr große Bedeutung hat. Sehen wir von den Extrembeispielen einmal ab, bei denen wirklich das Wohl eines anderen hier und heute entscheidend auf dem Spiel steht, dann ist die Übung der inneren Einstellung zunächst wichtiger als das konkrete äußere Verhalten in Einzelsituationen. Denn jedem Wort, jedem körperlichen Verhalten geht sowieso das Denken voraus. Wenn wir mit einer guten Motivation genau das Falsche tun, ist es einfach Teil eines Lernprozesses – ohne Fehler wird man kaum je etwas lernen können. Wenn wir uns jedoch mit einer ichbezogenen Grundhaltung – etwa um den perfekten Buddhisten zu markieren – freundlich geben, mag darin für den Moment ein wenig Nutzen liegen. Aber langfristig erzeugen wir damit nur innere Spannungen und legen kein gutes Fundament für die Zukunft.

Stellen wir uns dagegen einen sehr egozentrischen Menschen vor, der sich zum ersten Mal bemüht, einen anderen Standpunkt zu verstehen. Vermutlich wird er scheitern und sich schon in der nächsten Sekunde genauso intolerant verhalten wie gewohnt. Aber dieser erste Versuch wird nicht spurlos an seinem Bewusstsein vorübergehen – das nächste Mal wird er schon etwas leichter die Erlebniswelt des anderen mit einbeziehen, auch wenn es zunächst eine noch kaum spürbare Veränderung ist. In der Addition vieler solcher Versuche entwickeln sich dann – um bei unserem Bild zu bleiben – regelrechte Spurrillen. Das heißt, es wird zu seinem Charakterzug, immer einfühlsamer mit anderen umzugehen. Wenn wir keine zeitliche Grenze setzen, ist der Erfolg des Geistestrainings sicher und das ist kein Werbetrick, sondern eindeutig so.

Die religiöse Einbettung

Wir sehen jedoch an diesem letzten Beispiel, dass es nicht leicht ist, sich auf ein solches Training einzulassen. Solange wir alles an persönlichem Erfolg oder Misserfolg in kurzer Zeit messen wollen, kann es kaum gut gehen. Gefährlich ist, dass es anfangs durchaus möglich ist, sich selbst unter Leistungsdruck zu setzen und Scheinerfolge zu erzielen – umso größer dann die Enttäuschung, wenn unser vergewaltigtes Bewusstsein irgendwann sein Recht zurückfordert und alles Bemühen unwirksam gewesen zu sein scheint.

Aus diesem Grund ist die Einbettung des Geistestrainings in ein religiöses System zu empfehlen, obwohl viele der enthaltenen Unterweisungen ganz ohne religiösen Bezug einleuchtend und anwendbar sind. Eine Religion (tib. chos) ist aus buddhistischer Sicht dadurch definiert, dass das eigene Streben über diese eine Existenz hinausreicht. Die religiöse Praxis gibt uns den langen Atem, die innere Weite und den Raum, die notwendig sind, um unermüdlich unser ganzes Leben weiter unseren Geist zu üben. Solange wir das tun, haben wir ein Ziel und einen Lebenssinn und müssen uns nicht mehr ängstlich an schnell sichtbare Erfolge klammern – bis zu einem gewissen Grad lockert sich allein dadurch der enge Griff unserer Ichbezogenheit.

Aus diesem Grund werden in diesem Text zunächst grundlegende Gedanken zur Natur unserer menschlichen Existenz vorgestellt. Wenn wir sie uns wirklich zu Herzen nehmen, können wir zu einem reifen Menschen werden, der sich des Todes und der Tragweite seiner Handlungen voll bewusst ist.

In buddhistischen Ländern sind gerade die alten Menschen ganz erfüllt von religiösen Projekten, z. B. der Rezitation einer bestimmten Anzahl von Wunschgebeten, die sie vor ihrem Tod noch gerne vollenden möchten. Es ist ihr Beitrag zu einer schöneren, harmonischeren Welt – und es ist ein durchaus realistischer Beitrag: Nicht nur wird sich ihr Bemühen später im Charakter eines Kindes notwendig widerspiegeln, sondern nach den tiefgründigeren Unterweisungen des Buddhismus hat tatsächlich jeder liebevolle Gedanke auf die Umwelt einen kleinen Einfluss. Das ist in allen Religionen bekannt – alle Religionen kennen Pilgerorte, an denen die Kraft der Meditation und der konzentrierten Gebete vieler Menschen besonders direkt zu spüren sind. Reichere Buddhisten zögern deshalb nicht, einen Hausmönch zu finanzieren, der sein Leben damit verbringt, an Ort und Stelle heilsame Gedanken zu üben. Man glaubt, dass das allen zugute kommt.

Geistestraining zur Entfaltung der Buddhanatur

Die Fähigkeit, andere zu lieben, ist jedoch mehr als eine bloße Gewohnheit, die sich dem Bewusstsein gegebenenfalls als etwas Neues aufprägen ließe; sie ist in der Natur des Geistes selbst angelegt.

Die Grundhaltung des Buddhismus ist stets, herauszufinden, »was wirklich ist«, was Realität ist und was nicht. Unser Zugang dazu ist der Geist selbst, denn ohne ihn sind wir nicht in der Lage, überhaupt irgendetwas wahrzunehmen.

Buddha lehrt, dass unsere Ichbezogenheit derzeit die wahre Natur des Geistes und damit auch unsere Wahrnehmung der gesamten Realität verzerrt und verschleiert. Wir betrachten alles aus der einen Perspektive, ob es für uns nützlich, schädlich oder neutral ist. Bis zu diesem Punkt ist die Argumentation leicht nachzuvollziehen.

Nun aber machen die Lehren des Buddha einen offenbar phantastischen Sprung – der jedoch so unglaublich auch wieder nicht ist, wenn wir uns klarmachen, dass der Westen mit seinem Suchen innerhalb des Materiellen keinen Schlüssel für das Rätsel des Lebens gefunden hat und die Natur des Geistes bisher kaum untersuchen konnte. Hingegen haben sich die Buddhisten seit vielen Generationen der Meditation, der Suche nach dem Wesen des Geistes gewidmet und immer wieder bestätigt: Die gesamten leidvollen Grunderfahrungen von Geburt, Altern, Krankheit und Tod ergeben sich nur aufgrund dieser verzerrten Wahrnehmung der Realität, die unsere Ichbezogenheit ausgelöst hat.

Um ein klassisches, besonders beeindruckendes Beispiel zu geben: Sobald wir die Wolken dieser Form von Unwissenheit beseitigen könnten, würden wir die Sonne der Erleuchtung, der Buddhaschaft, der Natur der Realität selbst erleben – einen todlosen Zustand, der mit größter Klarheit,

Liebe und großen Fähigkeiten verbunden ist. Wir jedoch halten an dieser hinderlichen Ichvorstellung fest, als sei sie uns das liebste Kind – kein Wunder, dass unsere Ichbezogenheit in diesem Text so vehement kritisiert wird.

Das Potenzial zur Buddhaschaft liegt schon jetzt in unserem Geist, da es die eigentliche Natur des Bewusstseins selbst ist. Darum spricht man von der Buddhanatur, die allen Wesen zu Eigen ist, gleichgültig wie verwirrt oder unbedeutend diese jetzt erscheinen mögen. Der Buddhismus hat kein anderes Ziel, als diese Anlagen zur vollen Entfaltung zu bringen, alle hinderlichen Schleier zu beseitigen.

Hier gibt es für westliche Menschen ein mögliches Missverständnis. Wenn die Ichbezogenheit so etwas Schlimmes ist, liegt dann die Lösung in der absoluten Selbstverleugnung und Selbstkasteiung? Nein! Nur wer mit Zuversicht und Selbstvertrauen in der Natur des Geistes ruht, kann sie erkennen und zur vollen Entfaltung bringen. Nur wer selbst gute Qualitäten hat, kann sie anderen liebevoll vermitteln und ihnen bei der Entfaltung ihrer Buddhanatur helfen. Das nämlich ist das höchste Ziel eines jeden, der diese Möglichkeit erfahren hat und das Leid, das in der Selbstbeschränkung der Ichbezogenheit liegt, deutlicher sieht als wir, die wir – durch geringfügige Verlockungen wie gutes Essen, amüsante Freunde usw. schon zufrieden – kein tieferes Glück suchen.

Ichbezogenheit oder Ichdenken ist also nicht das Gegenteil von Selbstachtung und der Entwicklung eigener Qualitäten, sondern sie ist einfach das, was eine klare, unverzerrte Erkenntnis und die tiefe Wertschätzung anderer verhindert. Sie ist eher so etwas wie ein neurotisches Kreisen unserer Gedanken um uns selbst – dahinter steckt mehr eine tiefe Unsicherheit als das gesunde Selbstvertrauen eines Menschen, der sich seiner wahren Natur sicher ist.

Geistestraining soll uns nicht verunsichern, sondern nur unsere Werte und Sichtweise verändern. Im Abschnitt über das so genannte konventionelle Bodhicitta (Bodhicitta = ein Geist, der auf die Erleuchtung gerichtet ist) werden wir angeregt, die Ichbezogenheit zu hinterfragen und meditative Übungen zu machen, die uns immer mehr Freude am Wohlergehen anderer gewinnen lassen. Das ist die genaue buddhistische Definition von Liebe: Der Wunsch, dass andere Glück erfahren, und die Ursachen für zukünftiges Glück legen.

Mitgefühl ist in genauer Entsprechung der Wunsch, dass andere von

Leid und den Ursachen für Leid frei sein mögen. Interessant an dieser Definition ist, dass sie im Gegensatz zum deutschen Begriff keine Aussage über unsere Gefühle macht. Wichtig ist, dass wir das Leiden anderer nicht dulden und alles erdenklich Mögliche tun wollen, um Leidenssituationen zu beenden; dabei müssen wir nicht unbedingt weinen.

Am Ende des Textes finden sich die Überlegungen zum so genannten absoluten Bodhicitta – der Sichtweise der Leerheit, die die wahre Natur der Realität als leer von Eigennatur beschreibt. Auch unser persönliches Ich hat keine eigenständige Natur; wir haben zum Beispiel schon gesehen, dass unsere Persönlichkeit eine bloße Sammlung verfestigter Gewohnheiten ist. Wir jagen also mit der Vorstellung von einem festen Ich einem Phantom nach und dieser Prozess ist es – um es nochmals deutlich zu wiederholen –, der die Buddhanatur verschleiert und die Entfaltung der Möglichkeiten unseres Geistes verhindert.

Die Überlegung, dass wir selbst gar nicht so existieren, wie wir jetzt glauben, kann zunächst Angst auslösen, die sich jedoch durch eine einfache Überlegung als völlig unbegründet erweist: Was auch immer wir sind, Erkenntnis könnte dieses Etwas nicht verändern. Das heißt, diese Form des Ichs hat es noch nie gegeben; gäbe es ein solches Ich oder Selbst, könnte es durch Meditation, also durch eine bloße Betrachtung, auch nicht zerstört werden. Durch die Erkenntnis der Leerheit, der Tatsache, dass es dieses phantasierte Ich nicht gibt, gelangen wir in Harmonie mit der Realität selbst. Die Mahāsiddhas, die großen alten Meditationsmeister, haben viele inspirierende Lieder über diesen höchsten Seinszustand geschrieben.[1]

Geistestraining als Unterweisung für das Alltagsleben

Wenn wir über tiefgründige Dinge wie die Buddhanatur sprechen, geht es stets um die Erfahrung großer Meditationsmeister. Wir jedoch leben in einer hektischen Zeit, den besonderen Anforderungen des Berufslebens und der Kleinfamilie ausgesetzt. Vielleicht fühlen wir uns dem meditativen Leben in Asien, wie wir es uns vorstellen, sehr fern ...

Aber haben wir jemals an den armen Geschäftsmann in Nepal gedacht, der seinen Laden niemals schließen kann, an die indische Mutter mit zehn Kindern oder an den durchschnittlichen Tibeter, der sein Zimmer mit vielen teilen und sich ständig um unangemeldete Gäste kümmern muss? Sie alle können Buddhisten sein und verglichen mit ihnen haben wir im Westen eigentlich viel mehr Freizeit und Rückzugsmöglichkeiten. Bei dem Wort Buddhismus denken wir gleich an »Profis«, an Mönche oder Yogis in den Bergen und ein idealisiertes Leben in Ruhe und Meditation. Und doch konnte Phende Rinpoche, einer meiner tibetischen Lehrer, sagen: »Die Chancen, Erleuchtung zu erlangen, sind für gewöhnliche Laien und Mönche gleich. Aber die Mönche sind natürlich sehr wichtig, um die große Menge an Überlieferungen weiterzutragen.«

Wie ist eine solche Aussage möglich? Die Antwort findet sich in Texten wie diesem, der uns knapp und präzise zeigt, wie wir tatsächlich unser ganzes Leben, gleichgültig wie es äußerlich beschaffen sein mag, auf die Erleuchtung richten und für dieses Ziel einsetzen können. Hierbei sind zuweilen Phasen der intensiven Meditation, der konzentrierten Arbeit direkt an unserem Geist sinnvoll; aber auch im direkten Kontakt mit Menschen oder anderen Lebewesen haben wir vielfache Möglichkeiten, an uns zu arbeiten und unsere Liebe auf eine realistische Basis zu stellen.

Auf dem Meditationskissen lassen sich die schlimmsten Feinde leicht lieben – wie jedoch, wenn uns jemand tagaus tagein ärgert? Ist unsere Wut dann nicht »berechtigt«, »gesund«? Sagen wir besser, sie ist verständlich. Es wäre noch gesünder, den Gegner – falls es die Situation erfordert – zurechtweisen zu können, ohne dabei innere Wut zu erfahren. Das ist jedoch sehr schwer und wir müssen den Mut haben, uns so zu sehen, wie wir wirklich sind. Der Buddhismus rät an keinem Punkt, einem Ideal zuliebe unsere Wut zu unterdrücken, bis wir krank davon werden.

Das Geistestraining, um das es hier geht, ist ganz nach innen gerichtet. Nirgends gibt es Leistungsdruck, nirgends etwas vor uns selbst oder den anderen zu beweisen. Man arbeitet nur ganz entspannt immer weiter an den beiden Punkten, die allmählich die Ichbezogenheit entwurzeln:

Einerseits versucht man, Mitgefühl zu entwickeln, indem man liebevolle Gedanken übt, sooft es geht. Andererseits versucht man, Erkenntnis zu entwickeln und dabei immer furchtloser zu sehen, was wirklich ist – und das bedeutet auch, die eigenen starken Emotionen zu sehen.

Ob man sie auslebt oder nicht, ist eine andere Frage. Ich denke, je mehr Mut man hat, sich selbst ungeschminkt ins Gesicht oder besser in den Geist zu sehen, umso weniger sind Ventile nötig. Die Vorstellung, das Geistestraining mit Mut anzugehen, hat eine große Inspirationskraft. Oft wird in der Tradition das Beispiel des Kriegers gegeben, der auch Niederlagen und Verletzungen durch seinen Feind, das sind hier Hass, Anhaftung usw., hinnehmen kann, ohne seinen entschlossenen Kampf deswegen aufzugeben. Es geht darum, eine ganz persönliche Balance zu finden, einen Lebensstil zwischen unwiderruflichem Bemühen und Geduld mit uns und anderen. Unser Streben muss so dosiert sein, dass wir von Freude getragen werden, die sich dann auch unserer Umwelt mitteilen kann. Dagyab Rinpoche, ein anderer meiner Lehrer, sagte einmal: »Es gibt keinen ichbezogeneren Gedanken als die Frage, wie weit man auf dem buddhistischen Weg schon fortgeschritten sei – es ist doch ganz gleichgültig, man tut sowieso, was man eben kann.« Und das kann man in jeder Lebenssituation.

Gerade habe ich zwei meiner Lehrer zitiert – Worte, die einmal gesprochen wurden und sich wohl für immer tief in mein Gedächtnis eingegraben haben. In immer neuen Situationen erinnere ich mich spontan an diese Worte, sodass sie sich von Jahr zu Jahr mit mehr Leben und Inhalt füllen. Aus entsprechend kurzen, prägnanten Merksätzen besteht auch ein Großteil dieses Textes; wenn wir uns zunächst wenigstens zu einigen von ihnen innerlich Zugang verschaffen – am besten durch die Vermittlung eines Lehrers, der unser Herz ansprechen kann –, ist es eine besondere Methode, ohne große Mühe das ganze Leben zu einem Teil des Geistestrainings werden zu lassen.

Große Berühmtheit hat das Geistestraining vor allem dadurch erlangt, dass es mit seiner Hilfe gelingt, jeden negativen Umstand positiv zu einem Bestandteil der inneren Entwicklung umzuformen. Am Beispiel des Feindes haben wir das oben schon gesehen. Die Ratschläge dabei wechseln von sehr sanft – Vorstellungen, das Negative in sich auflösen und Positives ausstrahlen zu können – bis zu radikaler Bereitschaft, alles in Kauf zu nehmen, um die Ichbezogenheit zu überwinden. In Übereinstimmung mit dem Merksatz: »Halte dich stets nur an den glücklichen Geisteszustand« müssen wir vorsichtig ausprobieren, wie weit wir damit gehen können und wollen.

Die ursprüngliche Geheimhaltung

Die »Sonnenstrahlen des Geistestrainings« bilden einen Kommentar zu den »Sieben Punkten des Geistestrainings«, die von dem indischen Gelehrten Atīśa (982-1054) auf der Basis älterer Überlieferungen zusammengestellt und zunächst nur privat ausgewählten Schülern weitergegeben wurden. Erst mit Geshe Tschäkhawa (1101-1175), der diese Sieben

Punkte um die Merkverse erweitert hat, durften diese Unterweisungen in Tibet öffentlich gelehrt werden.

Seither gehören sie zu den Unterweisungen, die in allen tibetischen Schulrichtungen am höchsten geschätzt und am meisten gelehrt werden, weil sie die Essenz des Bodhisattva-Weges zur Erleuchtung besonders prägnant und kraftvoll aufzeigen. Wie wohl kaum eine andere Belehrung ermöglicht sie uns insbesondere, mit Widrigkeiten aller Art im Leben konstruktiv umzugehen. Wenn man sich unter einem Buddhisten einen gelassenen, heiteren Menschen vorstellt, der jedem Missgeschick entgegentritt, ohne aus der Fassung zu geraten – diese Unterweisungen passen dazu.

Warum jedoch wurden sie dann so streng geheim gehalten? Ein Grund wird uns im vorliegenden Text genannt: Sie galten als schwer zu praktizieren, nicht weil sie etwa zeitlich aufwändig oder schwer verständlich wären, sondern aufgrund der inneren Haltung, die dazu notwendig ist. Und wir dürfen uns nicht täuschen: Das trifft auch heute noch unverändert zu.

Oben wurden die wesentlichen Gründe für diese Schwierigkeit schon genannt. Sie beginnt bereits zu Anfang, wenn die »Vier Gedanken, die den Geist dem Dharma zukehren« (Kostbare Menschenexistenz, Vergänglichkeit, Karma, Leiden des Daseinskreislaufs) als Vorbereitungen bezeichnet werden. In Tibet wie im Westen, wer möchte wirklich an den eigenen Tod denken und die buddhistische Praxis (Dharma) in seinem Leben an die erste Stelle setzen? Der durchschnittliche Buddhist beschränkte sich in Asien nicht unähnlich dem Durchschnitts-Christen bei uns darauf, Vertrauen in die grundsätzliche Wahrheit des Buddhismus zu haben, ein allgemein ethisches Leben zu führen und die Klöster zu unterstützen.

Wir fühlen uns meist anspruchsvoller, wollen den Buddhismus lieber gar nicht als auf allzu niedrigem Niveau praktizieren. Aber Lama Jampa Thaye aus England hat mich doch sehr nachdenklich gestimmt: »Wenn wir erwarten, dass jeder Buddhist im Westen sofort die Vier vorbereitenden Gedanken übt, hat der Buddhismus im Westen keine Chance – es wird immer nur eine kleine Minderheit sein, die dazu wirklich bereit ist. Damit wird der Buddhismus kaum überleben. Wir müssen lernen, bescheidener in unseren Anforderungen zu sein und zufrieden zu sein, wenn jemand überhaupt Zuneigung zu Buddha hat.«

Im Folgenden stellt der Text dar, dass der Gedanke an Vorteile für sich selbst sehr negativ ist und dass man nur den Nutzen für die anderen anstreben solle. Einige mögliche, eher typisch westliche Missverständnisse dieser Aussage haben wir schon angesprochen. Hinzu kommt das Konkurrenzverhalten, das wohl im spirituellen wie im weltlichen Bereich jeder Kultur auftritt: in einem Kloster kann nur einer Abt sein und Geschäftsleute arbeiten überall auch gegeneinander. So ist man tatsächlich in einem unlösbaren Konflikt, denn idealerweise sollte man natürlich selbst einen Platz behaupten können, von dem aus man gut agieren und trotzdem alle anderen maximal fördern kann.

Das Geistestraining ist also deswegen schwierig, weil es uns keine Patentlösungen bietet. Es kann nur Schlüssel zu einer grundsätzlich ausgewogenen Haltung allen Wesen, auch uns selbst gegenüber, sein. Hier sehen wir einen anderen Grund, warum diese Unterweisungen als fortgeschritten gelten müssen: Ihre Umsetzung erfordert große Verantwortlichkeit auf unserer Seite. Wir müssen erwachsen genug sein zu wissen, dass die Welt nicht unseren Wünschen entspricht und wir allein von Situation zu Situation entscheiden müssen, was letztlich für alle das Beste und zugleich uns selbst zumutbar ist.

Wenn jedoch diese Unterweisungen so fortgeschritten und schwierig sind, warum werden sie jetzt überhaupt so öffentlich gegeben? Auch diesen Grund finden wir im Text: Wenn man auch nur einen Bruchteil dieser Unterweisungen üben kann, hat es großen Nutzen. In der Biografie von Geshe Tschäkhawa finden wir, dass er sich zu öffentlichen Belehrungen entschloss, nachdem einige Personen unberechtigt diese Unterweisungen mitgehört und ganz offensichtlich Nutzen davon hatten.

Für uns heißt das: Wir sollten diese Unterweisungen trotz ihres fortgeschrittenen Charakters getrost hören (nicht nur lesen) und eigenverantwortlich oder in freundschaftlicher Absprache mit einem Lehrer entscheiden, was wir davon üben können und wollen. Ich betone: »freundschaftlich«, denn auch für den Lehrer gilt, was in einem der Merksätze steht: »Halte dich an den Entscheidenden der beiden Zeugen« – und das ist man selbst! Die Achtung vor dem Lehrer wird im Westen oft falsch verstanden; führt man nur sklavisch durch, was der Lehrer sagt, kann man sich wohl kaum zu einem freien Menschen entwickeln und die Ichbezogenheit überwinden. Für uns ist der Lehrer vor allem Träger der Überlieferung, der Vermittler zwischen der Lehre und uns, ein erfahrener Berater.

Die Bedeutung der Überlieferung und des Lehrers

Damit kommen wir noch zu einem ganz anderen Grund, warum diese Unterweisungen über so viele Generationen geheim weitergegeben wurden – es ging darum, die Bedingungen für eine gute Überlieferung zu schaffen. Durch die Übung im kleinen Kreis erfahrener Praktizierender wurden die Unterweisungen zunächst in ihren praktischen Details ausgelotet und mit spiritueller Kraft versehen. Es entspricht dem traditionellen Vorgehen, dass ein Lehrmeister, der aus irgendeinem Grund eine bestimmte neue Darstellung der Unterweisungen des Buddha besonders hilfreich findet, diese nicht gleich publik macht, sondern sie als spezielle mündliche Unterweisung (tib. man ngag) nur an einen oder wenige enge Schüler weitergibt. Erst nach vielen Jahren oder wie hier gar nach vielen Generationen der Erprobung dürfen sie der Allgemeinheit bekannt gegeben werden. Wie anders bei uns – sobald jemand irgendeine Idee hat, wird er sofort auf seine Originalität stolz sein und Hinz und Kunz fühlt sich berechtigt, ohne jede Erfahrung lautstark eine Meinung dazu zu äußern ...

Hier jedenfalls haben wir es mit Unterweisungen aus einer solchen sorgfältig erprobten Überlieferungslinie zu tun. Dem sollten wir Rechnung tragen, indem wir den Text nicht nur lesen, sondern einen Lehrer suchen, der uns die Wort-Überlieferung übermitteln und die Bedeutung aufgrund seiner Erfahrung persönlich erläutern kann. Wir finden dann einen viel tieferen Zugang zum eigentlichen praktischen Gehalt; beim bloßen Lesen besteht immer die Gefahr, dass es uns nicht gelingt, über das Buchwissen hinaus wirklich eine Wirkung im Herzen zu erzielen und die eigentliche praktische Anwendbarkeit zu erfassen. Aus diesem Grund wird in der Tradition so viel Wert darauf gelegt, dass man den Buddhismus von ausgewählten, lebenden Lehrern lernt, denen gegenüber man Respekt und Zuneigung empfindet.

Die verschiedenen Kommentare

Zu den »Sieben Punkten des Geistestrainings« gibt es verschiedene Kommentare; neben Mitschriften aus mündlichen Kommentaren einzelner Lehrer sind bereits zwei Standardwerke in westliche Sprachen übersetzt, eines aus der Kagyü-[2] und ein anderes aus der Nyingma-Schulrichtung.[3] Die hier vorliegenden »Sonnenstrahlen des Geistestrainings« bilden den beliebtesten Standard-Kommentar aus der Gelug-Tradition.[4] Der Autor Namkha Päl ist ein Schüler des Schulgründers Je Tsongkhapa (1357-1419) und hat hier vermutlich Unterweisungen seines Meisters zusammengefasst. Die Merkmale der Gelug-Schulrichtung werden vor allem im Abschnitt über das absolute Bodhicitta deutlich; er folgt streng der logischen Ableitung der Leerheit, wie sie hier seit Tsongkhapa üblich und als notwendig erachtet wird.

Abgesehen von diesem speziellen Kapitel ergänzen sich jedoch diese drei klassischen Werke hervorragend, jedes setzt seinen Akzent ein wenig anders und dem Leser kann nur empfohlen werden, sie zur Vertiefung parallel zu lesen.

Aus politischen Motiven wird es zuweilen nicht gern gesehen, wenn man sich nicht mit Haut und Haaren einer Schulrichtung verschreibt, sondern den Buddhismus breit angelegt studiert. Hier sollte man Politik und Dharma klar voneinander trennen und sich nicht irritieren lassen. Padmasambhava, der große indische Meditationsmeister des 8. Jahrhunderts, dem der Buddhismus in Tibet seinen Erfolg verdankt, hat prophezeit, dass der Buddhismus durch keinen äußeren Feind zerstört werden kann, sehr wohl jedoch durch inner-buddhistische Streitigkeiten.

Liest man diese drei Texte nebeneinander, wird man einen direkten Einblick gewinnen, wie nah die tibetischen Traditionen beieinander liegen und nicht umhin können, sie alle zu respektieren und von ihnen allen lernen zu wollen. Die Darstellung der Leerheit ist tatsächlich etwas unterschiedlich; hier darf man sich nicht verwirren lassen. Aber wenn wir eines Tages zu der Sichtweise gefunden haben, die uns persönlich am nächsten steht, können wir dem Beispiel von Mipham Rinpoche folgen, der als Nyingma-Lama die Gelug-Sichtweise zwar kritisiert, zugleich jedoch große Hochachtung vor Tsongkhapa zum Ausdruck bringt und zeigt, dass auch dessen Sichtweise besonders wertvoll ist. Kritik muss nicht vernichtend sein.

Die Übersetzung

Das Tibetische hat als Sprache einen ganz besonderen Reiz; in dieser Übersetzung habe ich versucht, so viele dieser Nuancen als möglich wiederzugeben, und dafür lieber einen etwas komplizierteren Stil in Kauf genommen. Dieser mag freilich für den Leser etwas gewöhnungsbedürftig sein –

ich hoffe jedoch, dass er dann umso mehr Freude daran haben wird, einen tibetischen Text zu erleben, wie er »leibt und lebt«, so weit es im Deutschen überhaupt nachvollziehbar ist.

Mein besonderer Dank gilt Geshe Thubten Ngawang, der viele Nachmittage damit verbracht hat, mit mir schwierige Passagen des Textes durchzugehen. Geshe Thubten Ngawang ist in Deutschland vor allem für sein hervorragendes philosophisches Studienprogramm bekannt. Dennoch, als wir an diesem Text arbeiteten, unterbrach er oft unsere Diskussion mit einem Ausruf, der mir ganz aus dem Herzen zu kommen schien: »Dieser Text über Bodhicitta ist wirklich nützlich – was nützt uns all die Philosophie ohne solche Lehren ...«

Zudem gilt mein Dank den Mitgliedern des Tibetischen Zentrums Hamburg, die mir für die Diskussionen mit Geshe Thubten Ngawang stets ihre Gastfreundschaft angeboten und die Zusammenarbeit in jeder Hinsicht liebevoll unterstützt haben. Auch Panglung Rinpoche und Geshe Tamdrin Gyatso haben einige Stellen mit mir besprochen. Zu guter Letzt noch besonderer Dank an Renate Noack vom Theseus Verlag, die als Lektorin große Geduld dabei bewiesen hat, meine tief im Tibetischen versunkene Nase auf die Stellen zu stoßen, die in der Übersetzung nicht klar genug waren.

Erlangen, im Oktober 1996   *Dr. Cornelia Weishaar-Günter*

Anmerkungen:

[1] siehe zum Beispiel: Milarepas gesammelte Vajra-Lieder, Theseus Verlag 1996, ISBN 3-89620-080-1.

[2] Jamgon Kongtrul, Der große Pfad des Erwachens. Theseus Verlag 1989, ISBN 3-85936-027-2.

[3] Zhechen Gyaltsab Padma Gyurmed Namgyal, Path of Heroes, Dharma Press, Oakland, 1995, ISBN 0-89800-274-5.

[4] Eine Unterweisung von S. H. dem XIV. Dalai Lama zu unserem Text ist bereits auf Deutsch erschienen: Dalai Lama, Den Geist erwecken, das Herz erleuchten, 332 Seiten, Knaur Esoterik-Taschenbuch, Band 86121, München 1996. ISBN 3-426-86121-6.

Sonnenstrahlen
des Geistestrainings

Einführung

Zu allen Zeiten bringe ich zu Füßen der ehrwürdigen Erhabenen,
die voller Mitgefühl sind, meine Verehrung dar und nehme Zuflucht.
Bitte nehmt euch meiner in allen Situationen mit großer Liebe an.

Buddha Śākyamuni, den Wurzeln der Liebe und des Mitgefühls ist
dein Floß des Bodhicitta entsprungen,
fest hast du es zusammengebunden;
das große Segel der Sechs Vollkommenheiten* und der Vier Mittel
des Sammelns von Schülern* gehisst
und es vom Wind unermüdlichen Eifers fortbewegen lassen.

Zu deinen Füßen, der du zum höchsten Fährmann geworden bist,
der die Lebewesen vollkommen aus dem Ozean des Daseinskreislaufs befreit und sie auf die wunscherfüllende Insel der
Allwissenheit führt,
beuge ich mein Haupt ebenso wie vor den Lamas deiner
Überlieferungslinie:

vor Maitreya*, Asaṅga, Vasubandhu, dem ehrwürdigen Sthiramati,
vor Mañjuśrī, Nāgārjuna und dem höchsten Ārya Śāntideva,
vor dem König von Suvarṇadvipa (= Serlingpa), vor dem glorreichen
Atīśa, Gyälwäi Dschungnä (= Dromtönpa), den Drei (Kostbaren)
Brüdern* und den anderen.

Respektvoll verbeuge ich mich zu Füßen dessen,
der die jeweiligen Pfadtraditionen der großen Wegbereiter klar
unterschieden und sorgfältig dargelegt hat, ohne sie zu vermischen:
vor dem zweiten Buddha der degenerierten Zeit,
vor Tsongkhapa, dem großen Mañjuśrī.

So vollkommen wie sie sind,

so wie er sie sorgfältig dargelegt hat,

werde ich euch die hervorragenden Unterweisungen übermitteln,

wie man das Bodhicitta übt.

Ihr, die ihr für das Große Fahrzeug Zuneigung habt, hört mit

Hingabe zu.

Diese Unterweisungen, das kostbare Bodhicitta zu üben, sind allgemein bekannt als »die große mündliche Überlieferung des Geistestrainings im Großen Fahrzeug«. Bei ihrer Erklärung gibt es zwei (Haupt-)Punkte:

Erstens, Aussagen über die Geschichte, die sich auf den Ursprung der Überlieferungslinie bezieht, und über die Großartigkeit der Unterweisungen; sie sind ein Hilfsmittel, um intelligenten Personen einen Zugang zu ermöglichen.

Zweitens, die Erklärung der kostbaren, königlichen Unterweisungen; sie ist das eigentliche Thema.

* Feststehende Begriffe (meist großgeschrieben) und Namen werden
  im Glossar erläutert.

Teil I

Aussagen über die Geschichte, die sich auf den Ursprung der Überlieferungslinie bezieht, und über die Großartigkeit der Unterweisungen

Hier gibt es zwei Unterteilungen:

Erstens, allgemeine Aussagen über die Geschichte der Überlieferung und die Großartigkeit der Unterweisungen; damit soll gezeigt werden, dass die Lehre eine zuverlässige Quelle hat.

Zweitens, spezielle Aussagen über die Großartigkeit der Unterweisungen anhand der besonderen Funktionen; damit soll Hingabe zu den Unterweisungen erzeugt werden.

Allgemeine Aussagen über die Geschichte der Überlieferung und die Großartigkeit der Unterweisungen

1. DIE ESSENZ DES NEKTARS DER UNTERWEISUNGEN WURDE VON SERLINGPA HER ÜBERLIEFERT.

Alle Reden des vollkommenen Buddha, die er in den 84 000 Dharma-Anhäufungen bzw. den Drei Stufen der Drehung des Dharmarades gegeben hat, kann man generell (in zwei Arten) zusammenfassen:

Die eine dient nur dazu, die Täuschungen durch das Haften an Ich oder Mein ausnahmslos zu beenden. Dabei lehrte (der Buddha) als Thema die beiden Fahrzeuge der Hörer und Alleinverwirklicher. Quelle sind die Sammlungen des Kleinen Fahrzeugs, die Personen aus der Familie der Hörer oder Alleinverwirklicher Führung geben.

Die zweite (Art) stellt einen Weg mitsamt seinen Hilfsmitteln dar, durch den man die Einstellung übt, danach zu streben, dass die anderen Nutzen haben. Dabei lehrte (der Buddha) als Thema die Ursachen- und Wirkungsfahrzeuge[1] des Großen Fahrzeugs. Quelle sind dessen Sūtra- und Mantra-Schriften.

Daraus werden hier Unterweisungen zur Übung des Bodhicitta vorgestellt. Dieses ist das Eintrittstor zum Großen Fahrzeug, die Methode, die glücklich veranlagte Personen den Buddha-Rang der Allwissenheit erlangen lässt.

Alle Unterweisungen zur Übung des Bodhicitta, die der erhabene Buddha gegeben hat, sind in den jeweiligen Überlieferungslinien der großen Drei Wegbereiter[2] zu finden. Sie alle führen zur völligen Überwindung der Krankheiten der 84 000 Leidenschaften sowie der von ihnen verursachten Leiden von Geburt, Alter, Krankheit, Tod usw. und gewähren mühelos den Zustand des Nicht-verweilenden-Nirvāṇa. Unter den (vielen) Nektar-Arten sind sie die beste, die höchste, die ausgezeichnete (Nektar-)Art.

Im Allgemeinen ist Nektar, Amṛta[3], etwas, das Todlosigkeit gewährt. Es ist wie bei einem Arzt, der sich auf die Anfertigung von Arzneien versteht: Wenn er (seine Nektarmixturen) nach sorgfältiger Diagnose der Krankheit zusammengestellt hat, führen sie alle zum Zustand der Freiheit von Krankheit, Alter und Tod. Aber die höchste oder beste von ihnen ist diejenige, die sogar starkes Schlangengift oder ein scharfes Gift, das sich schnell ausbreitet, zum Zurückweichen bringt, sobald man sie auch nur riecht. Sie wird unter dem Namen Tsi Maghi[4] in den Sūtras von der Vollkommenheit der Weisheit gelehrt und ist unter denen, die den Zustand der Todlosigkeit gewähren, die höchste.

Die Erleuchtung der Hörer und Alleinverwirklicher vermag auch den Zustand der Freiheit von allen (Formen) von Geburt, Alter, Krankheit und Tod des Daseinskreislaufs zu gewähren, wenn man seinen Geist auf sie ausrichtet und sich mittels der vollständigen Bestandteile des Weges übt. Aber wenn man den Geist auf die unübertreffliche Erleuchtung ausrichtet (d. h. Bodhicitta entwickelt) und sich dann mittels der vollständigen Bestandteile des Weges übt, so (erlangt man) die Allwissenheit eines erhabenen Buddha. Dann ist sogar »der Todestransfer durch unvorstellbare Veränderung«[5] restlos überwunden, den nicht einmal die großen Hörer- und Alleinverwirklicher-Arhats oder die Bodhisattvas, die großen Wesen, die auf den reinen Hohen Ebenen verweilen, hinter sich gelassen haben. Deshalb ist von den Nektar-Arten, die den Zustand der Todlosigkeit gewähren, das kostbare Bodhicitta gleichsam die Essenz, die höchste und beste.

Lama Serlingpa besaß die vollständige Überlieferung der Methoden dieser (drei) großen Wegbereiter (des Bodhicitta); damit waren sie so vereinigt, wie drei Flüsse (zusammenfließen).

Der große Meister Atīśa wurde zum Inhaber von dessen Unterweisungen, so wie wenn eine Vase gefüllt worden ist.

Atīśa hatte zwar unter Indern, Kashmiri, den Bewohnern von Oddiyāna, unter Nepalis und Tibetern so viele Schüler, die gelehrt waren und Vollkommenheiten erlangt hatten, dass sie mit Gedanken nicht zu erfassen sind; aber unter ihnen war der von Tāra prophezeite Dromtönpa Gyälwäi Dschungnä der große Linienhalter, der die Aktivitäten seines Lamas weiterführte.

Es heißt, dass in Geshe Dromtönpas (Kloster) Radeng im Norden so viele Siddhas erschienen, dass es aufgrund dieser Tatsache mit dem im Westen gelegenen Landstrich Oddiyana vergleichbar war. Unter ihnen waren es die Drei Kostbaren Brüder, denen die Linie der Aktivität des Lamas zufiel und die die Lehre leuchten ließen.

Unter ihnen wiederum besaß die Emanation des Sthavira Aṅgaja[6], der generell als der große Geshe Potowa bekannt ist, alle Text(überlieferungen) und Unterweisungen des Geshe Dromtönpa zu Sūtra und Mantra. Das Banner der Aktivität des Potowa fand sehr weite Verbreitung. Sechs Texte machte er zur Grundlage des Studiums:

Bodhisattvabhūmi (von Asaṅga), Mahāyānasūtrālaṃkārakārikā (von Asaṅga), Jātakamālā (von Āryaśūra) Udānavarga (zusammengestellt von Dharmatrāta) Śikṣasamuccayakārikā (von Śāntideva) und Bodhisattvacaryāvatāra (von Śāntideva).

Das kostbare Bodhicitta wählte er zur Grundlage seiner Praxis. Durch Erklären und Praktizieren verbreitete er die Buddhalehre und gewann dabei mehr als zweitausend Schüler, die ausschließlich nach der völligen Befreiung strebten. Dabei waren die herausragendsten: Lang und Nyö aus Nyäl; Ram und Nang aus Tsang; Dscha und Phag aus Kham; Be und Rog aus Dölpo; Langri Thangpa und Sharawa, die wie ein Paar von Sonne und Mond in Zentraltibet bekannt wurden; Geshe Drabpa; Geshe Dingpa; der große Dragkarwa und andere.

Unter ihnen war es Sharawa, der große Lehrer aus Zhang, der dafür bekannt wurde, dass er die Texte und Unterweisungen vollständig innehatte und ihm die Linie der Aktivität zufiel. Unter den etwa 2 800 Mönchen, denen er zahlreiche Erklärungen über die sechs Texte und die Unterweisungen gab, sind die »Vier Söhne der Linienübertragung« bekannt: Chölung Kusheg fiel die Linie der stabilen Praxis[7] zu, dem großen Tabkawa die Linie der Erklärungen, Nyimäl Dülwadzinpa die Linie des Segens und dem großen Tschäkhawa die Linie des Bodhicitta.

Geshe Tschäkhawa gewann erstmals Vertrauen in die Belehrungen der Kadampa-Schulrichtung, als er bei Nyältschag Zhingpa die »Acht Verse des Geistestrainings«[8] von Langri Thangpa hörte. Nach und nach formte sich dadurch bei ihm der Gedanke, nach Lhasa zu gehen und sich nach den Lehrzyklen des Geistestrainings zu erkundigen. Einige umsichtige Freunde sagten in diesem Zusammenhang zu ihm: »Als Lehrer des Großen Fahrzeugs braucht man jemanden, der sich Aktivitäten (so umfassend) wie Sonne und Mond auf die Schultern geladen hat und bei dem man zuversichtlich sein kann. Deshalb wäre es empfehlenswert, wenn du entweder zum großen Sharawa oder zu Dschayülwa gehst.«

Ihrem Rat folgend ging er zum großen Sharawa, der damals in Zho'i Khangpa Nä[9] weilte. Der Geshe war gerade dabei, Unterweisungen zur »Geistigen Ebene der Hörer«[10] zu geben. Tschäkhawa hörte zu; dabei überfiel ihn eine gewisse geistige Trübheit; er fühlte sich dösig und es kam zu keinerlei Einsichten, die ihn auch nur (ein wenig) hätten inspirieren können.

Er begann sich Gedanken zu machen: »Ob der Lama die Überlieferung der betreffenden Lehrtradition überhaupt hat oder für praktikabel hält? Ich werde ihn fragen und wenn er sagt, dass er sie nicht hat oder dass man sie nicht praktizieren kann, werde ich anderswohin gehen.«

Als der Saṅgha einmal zu einem Picknick eingeladen wurde und der Geshe bei dieser Gelegenheit einen Rundgang um einen Stūpa machte, der sich in der betreffenden Gegend befand, ging Tschäkhawa zu ihm, breitete seinen Umhang als Sitz aus und bat ihn: »Bitte setz dich für einen Moment hierher. Ich möchte dich etwas fragen.«

Sharawa erwiderte: »Lehrer, was könntest du überhaupt noch für ungeklärte Fragen haben? Alle Zweifel habe ich doch schon auf dem Dharma-Thron beseitigt!«

Tschäkhawa zeigte ihm die »Acht Verse« des Langri Thangpa und fragte: »Wenn du die Überlieferung einer solchen Lehre besitzt, bitte sag mir, ob es richtig ist, sie zu praktizieren oder nicht, ob sie wirklich als Ursache für die Buddhaschaft geeignet ist oder nicht. Der Geist von uns allen ist so verwildert – zwar haben wir durch die Praxis ein wenig Nutzen, wenn es uns (zum Beispiel) passiert, dass wir keine Unterkunft finden oder dass wir von anderen verachtungsvoll beschimpft werden, aber oft ist (die Praxis) zu schwierig und ich schaffe sie nicht.«

Sharawa zählte eine Runde auf seiner Gebetskette aus hundert(acht)

Bodhiperlen, rollte sie dann hoch aufs Handgelenk und sagte: »Lehrer, es geht überhaupt nicht darum, ob sie dir zu schwierig erscheint oder nicht. Wenn jemand die Buddhaschaft als Ergebnis gar nicht wünscht, soll er sie weglassen. Aber sobald jemand sie wünscht, muss er in diesen Weg eintreten, weil anders Buddhaschaft gar nicht möglich ist.«

Tschäkhawa dachte: »Es ist sicher, dass (der Lama) in dieser Lehrtradition über besondere innere Erfahrungen verfügt«, und fragte: »Wenn jemand, der traditionsgemäß übt, eine authentische Quelle braucht, gibt es da irgendwo (in der Überlieferung) einen Anhaltspunkt?«

Sharawa antwortete: »Wer würde den erhabenen Nāgārjuna nicht als maßgebliche Person anerkennen? In seinem ›Kostbaren Kranz von Ratschlägen für den König‹ heißt es: ›Mögen ihre unheilsamen Handlungen bei mir zur Reife gelangen; mögen meine heilsamen Handlungen ausnahmslos bei ihnen zur Reife gelangen.‹«

Tschäkhakwa sagte: »Ich habe Hingabe zu dieser Überlieferung des Dharma. Bitte nimm dich meiner voller Mitgefühl an.«

Sharawa antwortete: »Sorge dafür, dass du bleiben kannst, und ich werde dich durch die Umstände merken lassen, (wie man richtig praktiziert).«

Tschäkhawa sagte: »Aber wie kommt es, dass während der Belehrungen in der Versammlung von dieser Art Lehren überhaupt nicht die Rede zu sein scheint?«

Sharawa antwortete: »Warum sollte ich davon sprechen, wenn niemand dabei ist, der es üben kann?«

Daraufhin machte Tschäkhawa drei Niederwerfungen und las zu Hause im »Kostbaren Kranz von Ratschlägen für den König« nach, der sich unter den Büchern seines Hausherrn befand. Als er sah, dass dort genau das stand, was Sharawa gesagt hatte, gab er seine Zweifel und andere ablenkende Gedanken auf und konzentrierte sich ganz auf diesen einen Punkt (des Bodhicitta).

In dieser Weise verbrachte er mehr als zwei Jahre in Zho, sechs Jahre in Gyegong und vier Jahre in Sharwa. Insgesamt übte er vierzehn Jahre lang in der Nähe seines Lehrers, der ihn (in seinen Bemühungen) unterstützte. Dadurch erlangte er ganz reine Erfahrungen, sodass er schließlich unter anderem sagen konnte: »Jetzt hat es Nutzen gebracht, dass ich das Feld meines Vaters für Gold verkauft und inmitten der Spreu von Pferden und Maultieren geschlafen habe.«

Der große Tschäkhawa gewann mehr als 900 Mönche als Schüler, die nur nach der Befreiung strebten. Unter ihnen gab es viele, die zum Schutz und zur Zuflucht vieler Lebewesen wurden wie der Yogi Dschangseng von Drosa, der Yogi Dschang-ye von Räntsarab, Gänpa Töndar von Balam, der allwissende Lhopa, Gyapang Sathangpa, der große Rampa Lhadingpa, der unvergleichliche Gyälwase und noch viele andere.

Insbesondere stützte sich Se-Dschilbuba einundzwanzig Jahre lang auf Geshe Tschäkhawa wie der Schatten auf den Körper und erhielt die vollständigen Textüberlieferungen und Unterweisungen. Somit glich er einer Vase, die gefüllt worden ist.

Die Unterweisungen zur Übung des Bodhicitta, die von Se über Lhatschenpo Lung-gi Wangtschug, den Onkel und Neffen und andere nach und nach weitergegeben wurden, habe ich vollständig durch die Güte von Shakya Sönam Gyältsän Pälsangpo erhalten, jenem kostbaren, göttlichen, großen Wesen, das so viel Kraft und Mitgefühl besitzt, dass es alles Denkbare übertrifft.

Diejenigen, die von Rampa Lhadingpa weitergegeben wurden, sowie die große Erklärung der Sieben Punkte, die von dem großen Bodhisattva der degenerierten Zeit, Thogme Sangpo, verfasst wurde, habe ich von dessen Hauptschüler, dem großen Übersetzer Kyabtschog Pälsangpo, bekommen.

Als ich vom allwissenden Tsongkhapa aus dem Osten, der Emanation des Mañjuśrī, dem Schützer und heiligen Führer der Welten einschließlich der Götter, die Sieben Punkte von Lhadingpa als Erfahrungsunterweisung hörte, sagte er (zu mir): »Innerhalb der verschiedenen Traditionen der großen Wegbereiter, die erklären, wie man Bodhicitta übt, scheint dieses Geistestraining des großen Tschäkhawa eine besondere Unterweisung zur Übung des Bodhicitta zu sein, die auf den Texten von Ārya Śāntideva beruht. Deshalb ist es notwendig, es nach dieser Tradition zu erklären. Bei den Worten des Wurzeltextes sollten zudem Menge, Reihenfolge usw. (stets) gleich sein; korrigiere, was fälschlich (von anderen Ausgaben des Wurzeltextes) abzuweichen scheint. Eine solche Erklärung wird zu einer Unterweisung, die den Gelehrten Freude bereitet. Deshalb sollst du es so erklären.«

Damit sind ganz kurz Geschichte und Großartigkeit der Unterweisungen erklärt.

Spezielle Aussagen über die Großartigkeit der Unterweisungen anhand der besonderen Funktionen

---

2. DIE BEDEUTUNG DES TEXTES IST WIE DIAMANT, SONNE UND MEDIZIN-BAUM. DAS SOLLTEST DU VERSTEHEN. (DENN) DAS ANWACHSEN DER FÜNF ARTEN VON DEGENERATION WIRD IN DEN ERLEUCHTUNGSWEG UMGEWANDELT.

Dass ein kostbarer Diamant, der vollkommen und vollständig ist, die Armut beseitigt und Bedürfnisse und Wünsche erfüllt, darüber muss man wohl nicht lange nachdenken, überstrahlt doch schon ein winziges Bruchstück davon alle anderen herausragenden Schmuckstücke, wird weiterhin »kostbarer Diamant« genannt und hält die Armut fern. Wie in diesem Beispiel, so braucht man gar nicht lange zu überlegen, wie es wäre, wenn die vollständigen Unterweisungen zur Übung des Bodhicitta, die im Folgenden erklärt werden, im Bewusstseinsstrom Gestalt annähmen; denn wenn auch nur der Sinn eines kleinen Teils des Textes im Bewusstseinsstrom Gestalt annimmt, verliert man den Namen eines Bodhisattva nicht mehr; die herausragenden Schmuckstücke aus dem Gold der Hörer und Alleinverwirklicher werden überstrahlt und auch die Armut des Daseinskreislaufs wird fern gehalten.

Die Sonne selbst kann weder an einem bestimmten Ort noch zu irgendeiner Zeit von Dunkelheit bedeckt werden; aber nicht nur das: Sobald die Sonne mit ihren Lichtstrahlen erscheint, gibt es in dem betreffenden Kontinent keinen Ort und keine Zeit, zu der er von Dunkelheit bedeckt werden könnte. In gleicher Weise braucht man gar nicht lange zu überlegen, wie es wäre, wenn die vollständigen Unterweisungen zur Übung des Bodhicitta, die im Folgenden erklärt werden, im Bewusstseinsstrom Gestalt annähmen; denn wenn auch nur der Sinn eines kleinen Teils des Textes im Bewusstseinsstrom Gestalt annimmt, gibt es keinen Ort und keine Zeit mehr für die tiefe Dunkelheit des Anhaftens an einem Ich, an der Verblendung, der Unwissenheit sowie der durch diese bewirkten Selbstsucht und den anderen Wurzel- und Neben-Leidenschaften.

Der vollständige Medizin-Baum hat die Kraft, die 404 Arten der Krankheiten zu beseitigen. Aber nicht nur das: Auch die Wurzeln, Früchte, Blütenblätter, Blumen, Äste und Blätter des Medizin-Baums bringen diese Krankheiten zur Ruhe. In gleicher Weise braucht man gar nicht lange zu überlegen, wie es wäre, wenn die vollständigen Unterweisungen zur Übung des Bodhicitta, die im Folgenden erklärt werden, im Bewusstseinsstrom Gestalt annähmen; denn wenn auch nur der Sinn eines kleinen Teils des Textes im Bewusstseinsstrom Gestalt annimmt, ist dies die heilige Medizin, die alle chronischen Krankheiten der 84 000 Leidenschaften zur Ruhe bringt.

Der Lehrer Śākyamuni ist im Besonderen zu einer Zeit erschienen, da sich die Fünf Arten der Degeneration ausbreiten; heute sind die Lebewesen noch degenerierter als degeneriert: Außer den Leidenschaften haben sie nichts zu denken; außer schlechten Taten und dem Ansammeln von Unheilsamem haben sie nichts zu tun. Sobald einem anderen etwas Schlechtes zustößt, so üben sie auf perverse Art die Mitfreude; und wenn man ihnen sagt, dass einem anderen etwas Gutes widerfahren ist, entsteht Schmerz in ihrem ganz und gar von Eifersucht getriebenen Bewusstsein. Mit ihren Handlungen, die sie mittels der Dreiheit von Körper, Rede und Geist begehen, fügen sie anderen nur Schaden zu. Zu dieser Zeit, da die Bereiche der Welt von solchen Lebewesen angefüllt sind, gehen die Schützer der Lehre, die Götter und Nāgas, die an Heilsamem Freude haben, in andere Bereiche des Universums, um die Lehre und die Vier Arten von Gefolge zu schützen. Die Kraft und Fähigkeiten bösartiger Menschen und anderer Wesen, die an Unheilsamem Freude haben, nimmt zu und sie verursachen im Allgemeinen verschiedenes Unglück in der Welt. Im Besonderen bilden sie auf verschiedene Weise Hindernisse und Störungen für diejenigen, die durch das Tor der Buddha-Lehre eingetreten sind und den heiligen Dharma praktizieren.

Wenn man zu dieser Zeit, da widrige Umstände Verwirrung stiften, nicht einen Dharma wie diesen übt, kann man im Dharma nicht festbleiben; wenn man dagegen durch das Tor eines Dharma wie des vorliegenden eingetreten ist, werden die widrigen Umstände in den Weg verwandelt und erscheinen dadurch als Helfer.

Wenn man sich darauf versteht, diejenigen Umstände, die der Praxis eines solchen heiligen Dharma entgegenstehen, zu günstigen Umständen zu machen, wird man als »geschickte Person« bezeichnet; und wenn man widrige Umstände in Helfer verwandeln kann, wird man als »fähige Person« bezeichnet.

Die Erklärungen, wie man widrige Umstände auf den Weg leitet, sind Unterweisungen, die zeigen, wie schlechte Vorzeichen in einen Abgrund gelockt werden; weil man sie dadurch zum Weg macht, wird man aus dem Engpass der widrigen Umstände befreit.

Wenn eine Person so meditiert und auf der bequemen Ebene der Gegenmittel wandelt, wird dieser ihr sechs Fuß langer, rechteckiger Körper als »der glückliche Weltbereich« bezeichnet: Denn was auch immer die äußeren und inneren widrigen Umstände sind, sie werden zu Helfern des Glücks, ohne zu Umständen des Leids oder eines unglücklichen Geisteszustands zu werden.

(Dieser Körper) wird (dann) auch »der unerschütterliche Weltbereich« genannt, da man sogar durch körperliche und geistige Leiden, die einen wie eine Feuersbrunst überfallen, nicht in Bewegung versetzt oder erschüttert werden kann. Andere Bezeichnungen dafür sind »Quelle einer glücklichen Stadt« oder »das Erreichen der Konzentration, die sich leicht auf alle Phänomene einlassen kann«. Das haben (meine Lamas) gelehrt.

Wenn man sich, anstatt in Reinen Bereichen bis zu ganzen Zeitaltern lang Verdienste anzusammeln, ein wenig zur jetzigen Zeit anstrengt, da die Fünf Arten der Degeneration anwachsen und (alles) mit entgegenstehenden äußeren und inneren Umständen angefüllt ist, gewinnt man besonders schnell Verdienste. (All das) sagt man von dieser besonderen Methode, die die schlechte Zeit zu einer guten Zeit macht. (Diese Methode) ist es, die im Folgenden erklärt wird.

Teil II

Die Erklärung der kostbaren, königlichen Unterweisungen

Hier gibt es zwei Abschnitte:

Erstens, die Vorbereitungen: Die Betrachtung der Lehren zur eigenen Situation.

Zweitens, die eigentlichen Stufen, mit denen man das kostbare Bodhicitta übt.

[PUNKT 1]

Die Vorbereitungen: Die Betrachtung der Lehren zur eigenen Situation

3. ZUERST ÜBE DICH IN DEN VORBEREITUNGEN.

Das sind:

Erstens, das Nachdenken darüber, dass die Kostbare Menschenexistenz schwer zu finden ist und großen Nutzen hat.

Zweitens, das Nachdenken über Tod und Vergänglichkeit, darüber, dass man nicht lange in diesem Leben bleiben wird.

Drittens, das Nachdenken über Karma, Ursache und Wirkung.

Viertens, das Nachdenken über die Nachteile des Daseinskreislaufs.

Von diesen Vorbereitungen an bis hin zur Übung des absoluten Bodhicitta wird bei der Übung der jeweiligen Themen zwischen dem Yoga während der eigentlichen Sitzung und dem während der Pausenzeit unterschieden. Die Sitzungen unterteilt man jeweils in Anfangs-, Haupt- und Schlussteil.

Nach den Ausführungen, die in der Biografie des Lama Serlingpa genannt werden, schmückt man zu Anfang den Ort, stellt Repräsentationen (von Buddhas Körper, Rede und Geist) auf und bringt dann ein Maṇḍala dar; d. h. man soll die vollständige Sechsteilige Vorbereitung bis hin zu den Bittgebeten anhand der Drei großen Punkte[11] durchführen.

Der Hauptteil (besteht aus der Überlegung), dass wir seit anfangloser Zeit unter der Fremdherrschaft unseres Geistes stehen und der Geist in die

Gewalt der Leidenschaften geraten ist. Durch die Leidenschaften haben wir Karma angesammelt, die Wurzel des Daseinskreislaufs. Dadurch haben wir dessen verschiedenste Leiden zu erfahren.

Um uns jetzt von diesem Prozess abzuwenden und selbst Macht über den Geist zu gewinnen, ist es notwendig, dass dieser »arbeitsfähig« gemacht wird, d. h., dass er dort bleibt, wo man ihn lassen will, und dass er sich dorthin lenken lässt, wohin man ihn schicken will.

Um dies zu erreichen, muss man dafür sorgen, dass er sich ausschließlich auf das jeweilige Vorstellungsobjekt konzentriert und nicht unter der Macht von Absinken und Aufregung anderswohin wandert. Auf die jeweiligen Vorstellungen sollte man sich in der gegebenen Reihenfolge und Anzahl konzentrieren, mit einem klaren Bewusstsein, frei von Ablenkung.

Mit Ausnahme des Abschnitts, in dem man sich in der Vollkommenheit der Konzentration übt, handelt es sich hier ausschließlich um Analytische Meditation. Zum Abschluss äußert man das Wunschgebet des Ārya Bhadracari[12] und andere völlig reine Wunschgebete. In dieser Weise sollte man sechsmal innerhalb von vierundzwanzig Stunden praktizieren.

In der Pausenzeit zwischen den Sitzungen gilt es, die Tore der Sinnesorgane zu hüten, mit Bewusstheit zu handeln, das Maß des Essens zu kennen, sich im Yoga des Nicht-Schlafens zu üben und zur Schlafenszeit so zu verfahren, wie es Ārya Asaṅga als eine Ursache zur Herausbildung der Geistigen Ruhe und der speziellen Erkenntnisse der Besonderen Einsicht gelehrt hat.

Erstens, das Nachdenken darüber, dass die Kostbare Menschenexistenz schwer zu finden ist und großen Nutzen hat

Das Wesen der Kostbaren Menschenexistenz besteht darin, dass man frei von Acht ungünstigen Umständen und mit Zehn günstigen Bedingungen ausgestattet ist.

Zu den Acht ungünstigen Umständen heißt es im »Brief an einen Freund«:

»Geboren zu werden als einer, der falsche Ansichten hegt, als Tier, als Hungergeist oder als Höllenwesen, zu Zeiten, in denen die Buddha-Lehre nicht existiert, bei unwissenden Völkern in abgelegenen Gegenden, mit defekten Denk- oder Sinnesfähigkeiten oder als langlebiger Gott – Geburt in diesen Zuständen werden als die acht Fehler ungünstiger Umstände bezeichnet. Wenn du, von ihnen frei, günstige Umstände gefunden hast, bemühe dich, die Geburten (ganz) zu überwinden.«

Dementsprechend handelt es sich um das Freisein von vier Faktoren des menschlichen und vier Faktoren des nichtmenschlichen Daseins.

Bei den Zehn günstigen Bedingungen gibt es fünf, die einen selbst betreffen: dass man ein Mensch ist, in einem zentralen Land geboren wird, vollständige Sinnesorgane besitzt, vom Begehen der (Fünf) extremen Handlungen frei ist und Vertrauen in das Fundament (der Lehre) hat.

Und es gibt fünf, die andere betreffen: dass ein Buddha erschienen ist, dass er den Dharma gelehrt hat, dass seine Lehre fortbesteht, dass sie praktiziert wird und dass Mitgefühl mit anderen empfunden wird.

Wir selbst sind im vollständigen Besitz einer solchen besonderen Kostbaren Menschenexistenz – darüber denkt man nach:

Um die letztendliche Realität, das Definitiv Gute bzw. die Drei Arten von Erleuchtung zu verwirklichen, wird ganz allgemein das Menschsein als Voraussetzung gepriesen. Unter den Menschen wiederum werden diejenigen der Drei Kontinente[13] und dabei insbesondere wir Bewohner von Jambudvīpa (hervorgehoben), denn wir haben die Voraussetzung, um den Befreiungsweg mittels aller Texte von Sūtra und Tantra zu verwirklichen.

Aśvaghoṣa hat gesagt:

>»Wer (die Kostbare Menschenexistenz) erlangt hat, hat den Samen gelegt, um jenseits des Daseinskreislaufs zu gelangen. Es ist der höchste Same für die wunderbare Erleuchtung. Die Menschen stehen in einer Kontinuität zu jenen Qualitäten, die mehr wert sind als ein wunscherfüllendes Juwel. Wer würde da (die Kostbare Menschenexistenz) ohne Ergebnis (vorübergehen) lassen?«

Im »Eintritt in das Leben zur Erleuchtung« heißt es:

>»Wenn ich mich nun, nachdem ich eine solche Freiheit gefunden habe, nicht an das Heilsame gewöhne,
>so könnte ich nicht stärker betrogen werden
>und keine größere Dummheit begehen.

Wenn ich, nachdem ich das verstanden habe,
noch immer aus Dummheit träge bin,
so wird zum Zeitpunkt meines Todes
großes Leiden für mich entstehen.

Wenn die unerträglichen Höllen
meinen Körper für lange Zeit den Flammen aussetzen,
wird mein Geist zweifellos gequält werden
vom lodernden Feuer unerträglicher Reue.

Nachdem ich irgendwie diesen nützlichen Zustand
gefunden habe, der so schwer zu finden ist,
wenn ich mich wissentlich
wiederum in die Höllenbereiche führe,
bin ich wie jemand, der durch Mantras verwirrt worden ist,
reduziert zu einer Person ohne Willenskraft,
ohne das zu kennen, wodurch ich verwirrt bin –
was ist nur in mich gefahren?«

Weiter sagt Aśvaghoṣa:

»Menschen, die reich an Heilsamem sind,
haben das in zahllosen Zeitaltern erlangt.
Wenn sie nun aus Verwirrung in diesem Leben
auch nicht nur ein wenig des Schatzes an Verdiensten ansammeln,
werden sie in zukünftigen Existenzen
in Wohnstätten voller unerträglicher Leiden geraten.
Sie sind wie Händler, die, zu einer Juweleninsel gelangt,
mit leeren Händen nach Hause zurückgekehrt sind.

Ohne den Weg der Zehn heilsamen Handlungen
wird man (das Menschsein) später nicht wieder erlangen.
Wie könnte ein Glück ohne die Menschenexistenz überhaupt
ein Glück sein – es ist das Leiden selbst!

Kein anderer könnte uns in größerem Ausmaß betrügen.
Es gibt keine größere Dummheit als diese!«

Wenn man über dieses Zitat nachgedacht hat, wird der Wunsch entstehen, (diese Kostbare Menschenexistenz) essenziell zu nutzen.

Im »Eintritt in das Leben zur Erleuchtung« heißt es:

>»Nachdem ich (dem Körper) seinen Lohn gegeben habe,
>werde ich mich jetzt um meinen eigenen Nutzen kümmern.«

und:

>»Auf das Boot des Menschseins gestützt,
>befreie dich aus dem großen Strom des Leidens.
>Weil dieses Boot später schwer wieder zu finden ist,
>du Dummkopf, schlafe zu dieser Zeit nicht ein!«

Es ist so, wie Potowa in seinen »Belehrungen durch Beispiele« von einem Wurm erzählt, der Niederwerfungen macht, von einem (Krüppel), der auf einem Esel reitet, vom Fisch des Mannes aus Tsang und von der Me'u-Gerstenmehl-Speise.[14]

Die guten Existenzformen, (auch wenn) sie vorübergehend sind, haben also großen Nutzen für uns. Die Ursache dafür, eine (solche) gute Existenzform als Gott oder Mensch zu erlangen, sind die Drei Arten der Ethik. Als beste Voraussetzung, um diese zu üben, wird, wie zuvor, die Menschenexistenz auf Jambudvīpa gepriesen. Es heißt:

>»Zur Zeit, da man einen menschlichen Körper auf Jambudvīpa
>gefunden hat, der so schwer zu finden ist,
>sollte man sich intensiv um heilsame Handlungen bemühen und sie
>ausüben.«

Es ist schwer, (die Kostbare Menschenexistenz) zu finden; über diese Tatsache kann man nachdenken, indem man entweder von den Ursachen oder vom Ergebnis ausgeht.

– Erstens, (das Nachdenken, indem man von den Ursachen ausgeht):

In den »Vierhundert Versen« heißt es:

>»Die Menschen halten sich meistens
>ganz und gar an das, was nicht zum Heiligen gehört.
>Deshalb werden gewöhnliche Menschen in der Regel
>mit Sicherheit in die schlechten Daseinsbereiche gelangen.«

Wie es hier heißt, zeigen auch Wesen in guten Existenzen keine Scheu vor Handlungen, die aufgrund von Gelübden oder aufgrund ihrer Natur unheilsam sind, und es sind sehr wenige, die sich zu dem Gelöbnis entschließen, in Zukunft solche Handlungen nicht mehr zu begehen. Deshalb sind es viele, die in die schlechten Daseinsbereiche geraten, und es ist sehr selten, dass jemand einen Körper in einem guten Daseinsbereich erlangt.

Im »Eintritt in das Leben zur Erleuchtung« heißt es:

> »Mit einem Verhalten wie diesem
> werde ich nicht einmal einen menschlichen Körper erlangen.
> Wenn ich keinen menschlichen Körper erlange,
> wird es nur unheilsame, keine heilsamen Handlungen geben.«

Und im »Brief an einen Freund« heißt es:

> »Es ist noch viel seltener, dass ein Tier das Menschsein erlangt,
> als dass eine Schildkröte auf das Loch eines Jochs trifft,
> das im großen Ozean umhergetrieben wird.
> Deshalb, mein König, ziehe jetzt durch die Praxis des heiligen
> Dharma aus deinem Leben Gewinn.
>
> Noch viel dümmer als jemand,
> der ein kostbares goldenes Gefäß findet und es zum Erbrechen
> verwendet,
> ist jemand, der als Mensch geboren ist
> und unheilsame Handlungen begeht.«

– (Zweitens,) das Nachdenken über die Schwierigkeit, die Menschenexistenz zu finden, indem man vom Ergebnis ausgeht:

Allgemein gibt es viele Wesen in den Drei schlechten Daseinsbereichen, während nur wenige einen Körper in den guten Daseinsbereichen erlangt haben. Unter den Wesen der guten Daseinsbereiche im Speziellen sind es noch weniger, die frei von den Acht ungünstigen Umständen sind, und diejenigen, die eine Kostbare Menschenexistenz erlangt und sich dem Dharma zugewandt haben, sind (so selten) wie ein Stern am helllichten Tag. Das gilt es zu erkennen und mit vielen Mitteln den Wunsch zu entwickeln, diese Zeit, da wir die Kostbare Menschenexistenz erlangt haben, die so bedeutungsvoll und so schwer zu erlangen ist, essenziell zu nutzen.

Diese Grundlage essenziell zu nutzen heißt im Allgemeinen, dass man den heiligen Dharma praktizieren muss, weil man sich Glück und kein Leiden wünscht. Jemand könnte einwenden: »Gut, das muss man vielleicht, aber ob man dazu in der Lage ist?« – man ist absolut dazu in der Lage, denn man hat als die äußere Voraussetzung einen Lehrer des Großen Fahrzeugs getroffen und besitzt als innere Voraussetzung eine gute Grundlage, einen Körper in der Kostbaren Menschenexistenz.

Wenn man nun denkt: »Aber es reicht doch wohl, in zukünftigen Existenzen zu praktizieren« – darauf darf man nicht setzen, denn es ist schwierig, in zukünftigen Existenzen eine solche Kostbare Menschenexistenz wieder zu finden. Wenn man weiter denkt: »Aber es reicht doch wohl, in einigen Jahren oder Monaten zu praktizieren« – auch darauf darf man nicht setzen, denn es ist sicher, dass man sterben wird, während der Zeitpunkt des Todes ungewiss ist.

Nun soll man noch darüber nachdenken, dass unter (den Methoden, die Kostbare Menschenexistenz) essenziell zu nutzen, die Übung des kostbaren Bodhicitta die beste, die höchste, die ausgezeichnete ist – dadurch wird alles zu einem Teil der Vorbereitungen für die Übungen des Bodhicitta.

Zweitens, das Nachdenken über Tod und Vergänglichkeit, darüber, dass man nicht lange in diesem Leben bleiben wird

Wenn man nicht an den Tod denkt, sich ihn nicht gegenwärtig hält, wird das zur Wurzel allen Unglücks und aller Fehler in dieser Existenz und in zukünftigen Existenzen; über diesen Nachteil sollte man nachdenken. Wenn man über Tod und Vergänglichkeit nachdenkt und sich (an diesen Gedanken) gewöhnt, kann man alles Gute für diese Existenz und für zukünftige Existenzen verwirklichen, es ist der einzige Weg dazu. Diesen Vorteil gilt es zu erkennen. Das Nachdenken über Tod und Vergänglichkeit, von dem hier die Rede ist, bezieht sich nicht auf das Erzeugen von Angst vor der Trennung von den Anhaftungsobjekten dieses Lebens, von unserem Körper, unserem Besitz, unseren Verwandten, den Nahestehenden etc. Denn das ist die Angst vor dem Tod von jemandem, der sich überhaupt noch nicht im Weg geübt hat.

Um was geht es hier? Weil niemand von uns, die wir durch die Kraft von Karma und Leidenschaften mit dem Daseinskreislauf verbunden sind, die Sterblichkeit überwunden hat, können wir derzeit auch durch Angst den Tod nicht verhindern; aber (im Gegensatz dazu) ist die Angst vor einem Tod, ohne dass man die Ziele für zukünftige Existenzen verwirklicht hat, sinnvoll: Denn wenn man so denkt, wird man sie verwirklichen und dann im Todesmoment keine Angst mehr haben müssen.

Die eigentliche Methode des Nachdenkens über Tod und Vergänglichkeit besteht aus drei Punkten:

• Es ist sicher, dass, allgemein gesehen, jeder sterben wird.
• Es ist ungewiss, wann man sterben wird.
• Wenn man stirbt, kann nichts außer Dharma helfen.

Es ist sicher, dass, allgemein gesehen, jeder sterben wird

(1) Der Tod kommt bestimmt

Denn gleichgültig, was für einen Körper man auch angenommen hat, die Sterblichkeit hat man nicht überwunden.

In der »Speziellen Verssammlung« heißt es:

> »Wenn sogar Buddhas, Alleinverwirklicher
> und die Hörer der Buddhas
> ihre Körper aufgeben,
> was kann man dann erst von gewöhnlichen Wesen sagen?«

Gleichgültig, in welchem Land man lebt, die Sterblichkeit hat man nicht überwunden.

Im gleichen Text heißt es:

> »Wo auch immer man lebt,
> es gibt keine Gegend, die vom Tod unberührt bleibt:
> Es gibt sie nicht im Himmel, es gibt sie nicht im Meer,
> und auch wenn du mitten in die Berge gehst, gibt es sie nicht.«

Gleichgültig, zu welcher Zeit man geboren wird, die Sterblichkeit hat man nicht überwunden.

Im gleichen Text heißt es:

>»Die Weisen haben erkannt,
dass alle, die es jemals gegeben hat und die noch kommen werden,
ihren Körper aufgeben und weitergehen, dass sie alle sterben.
Deshalb bleibe im Dharma und praktiziere mit Gewissheit.«

Durch Flucht kommt man vom Tod nicht frei und er lässt sich durch nichts verhindern.

Im »Sūtra über die Ratschläge für den König« heißt es:

>»Nehmen wir als Beispiel vier große Berge in den vier Richtungen, hart, beständig, mit festem Kern, unzerstört, ungespalten, nicht verwittert, äußerst widerstandsfähig, eine einzige Masse, die den Himmel berührt. Bei einem Erdbeben zermalmen sie alles Gras, alle Bäume, Baumstämme, Äste und Blätter, alle Lebewesen und Elementargeister zu Staub. Es wäre nicht leicht, diesem Geschehen durch Schnelligkeit zu entfliehen, es durch Stärke, Reichtum, (spezielle) Substanzen, Mantras oder Medizin abzuwenden.
Oh großer König, genauso kommen die vier großen Schrecken: Ihnen ist nicht leicht durch Schnelligkeit zu entfliehen, sie sind nicht leicht durch Stärke, (heilende) Substanzen, Mantras oder Medizin abzuwenden. Was sind diese vier? Alter, Krankheit, Tod und Verfall.
Oh großer König, das Alter kommt, indem es die Jugend zerstört; die Krankheit kommt, indem sie die Freiheit von Krankheit zerstört; der Verfall kommt, indem er alle Herrlichkeit zerstört; der Tod kommt, indem er das Leben zerstört. Es ist nicht leicht, ihnen durch Schnelligkeit zu entfliehen, sie durch Stärke, Reichtum, (spezielle) Substanzen, Mantras oder Medizin abzuwenden.«

(2) Der Lebensspanne ist nichts hinzuzufügen, sie nimmt pausenlos ab

Die Bemessung einer Lebensspanne ist nur kurz, und während ihr nichts hinzuzufügen ist, nimmt sie pausenlos ab: Die Jahre verlieren sich mit dem Vorüberziehen der Monate; die Monate verlieren sich mit dem Vorüberziehen der Kalendertage; die Kalendertage wiederum verlieren sich mit dem Vorüberziehen von Tag und Nacht.

Im »Eintritt in das Leben zur Erleuchtung« heißt es:

> »Diese Lebensspanne erschöpft sich ständig
> und der Verlust kann danach nicht ausgeglichen werden.
> Wenn es so ist, wie könnte es sein, dass eine Person wie ich nicht stirbt?«

Darüber kann man anhand vieler Beispiele nachdenken.

In der »Speziellen Verssammlung« heißt es:

> »So wie bei einem bespannten Webrahmen
> der Schussfaden immer wieder eingeführt wird
> und an sein Ende gelangt,
> genauso ist das Leben der Menschen.
>
> So wie diejenigen, die zum sicheren Tode verurteilt sind,
> mit jedem Schritt, den sie verlieren,
> sich dem Henker nähern,
> genauso ist das Leben der Menschen.
>
> So wie ein heftig herunterstürzender Strom
> nicht zurückfließen kann
> vergeht das Leben der Menschen,
> es ist nicht wiederholbar.
>
> (Ein Menschenleben) ist schwierig (zu finden), kurz
> und darüber hinaus leidhaft;
> nur all zu schnell verschwindet es,
> so wie wenn man mit einem Stift auf Wasser schreibt.
>
> So wie ein Hirte mit seinem Stab
> die Tiere in den Hort treibt,
> werden die Menschen durch Alter und Krankheit
> in die Nähe des Todes gebracht.«

Und auch im »Sūtra über die ausgedehnten Spiele« heißt es:

> »Die Drei Existenzbereiche sind unbeständig wie Herbstwolken. Geburt und Tod der Wesen sind wie das Betrachten eines Tanzes. Die Lebensspanne der Wesen vergeht wie ein Blitz am Himmel, sie vergeht so schnell wie ein steiler, reißender Bergbach.«

(3) Der Tod ist sicher und nimmt keine Rücksicht darauf, ob man zu Lebzeiten dazu gekommen ist, den Dharma zu üben

Im »Sūtra über den Eintritt in den Mutterleib« heißt es:

> »(Vom Leben) beansprucht der Schlaf die Hälfte. Zehn Jahre lang ist man ein Kind, zwanzig Jahre lang ist man alt. Durch Kummer, Jammern, Leiden, Traurigkeit und Streit wird (die Gelegenheit zur Dharma-Übung) beschnitten und auch durch hunderterlei körperliche Krankheiten.«

Tschäkhawa sagte:

> »Wenn man bei sechzig Jahren die Zeit für Lebensunterhalt und Krankheit abzieht, hat man nicht einmal fünf Jahre, um den Dharma zu üben.«

In den »Jātaka-Erzählungen« heißt es:

> »Ach, die Welt ist voller Leidenschaften, ein unsicherer Ort, der keine Freude bringt. Auch die Herrlichkeit dieser Wasserlilie wird zu einer Erinnerung werden. Den Lebewesen ergeht es genauso. Es ist verwunderlich, dass die Menschen keine Angst haben. Alle Wege sind vom Tod blockiert. Ohne weitere Gedanken geben sie sich Vergnügungen hin. Die schadenstiftenden Feinde der Krankheit, des Alterns und des Sterbens sind sehr mächtig und nicht aufzuhalten. Wenn man dabei sicher auf Elend in zukünftigen Existenzen zusteuert, welches Lebewesen könnte sich darüber freuen?«

Und im »Brief an den König Kanika«:

> »Der Tod hat keine Liebe. Sinnlos tötet er kräftige Menschen. Der Mörder befindet sich tatsächlich (schon) auf dem Weg, welche vernünftige Person bliebe da achtlos?

Deshalb, solange dieser unnachgiebige Kriegsherr
noch nicht seinen unerträglichen Pfeil,
vor dem es kein Entkommen gibt, abgeschossen hat,
bemühe dich um dein eigenes Wohl!«

Es ist ungewiss, wann man sterben wird

Hier gibt es drei Punkte.

(1) Auf Jambudvipa ist die Lebensspanne ungewiss

Auf Uttarakuru steht die Lebensspanne fest, während es auf den anderen
Kontinenten nicht sicher ist, dass man seine jeweilige Lebensspanne erreichen kann. Trotzdem gibt es zumindest eine relative Sicherheit; auf Jambudvīpa jedoch ist die Lebensspanne völlig ungewiss.

Im »Schatzhaus des Höheren Wissens« heißt es:

> »Hier ist (die Lebensspanne) nicht gewiss. Am Schluss beträgt sie
> zehn Jahre, zu Anfang war sie unermesslich.«[15]

Und in der »Speziellen Verssammlung«:

> »Von den vielen Menschen, die man am Morgen gesehen hat,
> wird man einige am Nachmittag nicht mehr sehen.
> Von den vielen Menschen, die man am Nachmittag gesehen hat,
> wird man einige am Morgen nicht mehr sehen.«

und:
> »Wenn viele Männer und Frauen
> sogar in der Jugend sterben,
> wie kann man zuversichtlich sein, dass jemand leben wird,
> weil er jung ist?
>
> Einige sterben im Mutterleib,
> ebenso einige am Ort der Geburt
> und einige, wenn sie gerade krabbeln können,
> einige, wenn sie laufen.
>
> Einige alt, einige jung,
> einige Menschen im jungen Erwachsenenalter –

nacheinander vergehen sie,
so wie reife Früchte fallen.«

(2) Die Ursachen für den Tod sind viele, diejenigen für das Leben wenige

Im »Kostbaren Kranz von Ratschlägen für den König« heißt es:

> »Wir leben inmitten der Todesursachen
> wie eine Butterlampe im Orkan.«

Im »Brief an einen Freund« heißt es:

> »Wenn so viel dem Leben schadet und
> es sogar noch unbeständiger ist als eine Wasserblase
> in einem Gewässer, das vom Wind gepeitscht wird,
> so sind all die Möglichkeiten,
> einzuatmen, auszuatmen und vom Schlaf zu erwachen,
> ein großes Wunder.«

In den »Vierhundert Versen« heißt es:

> »Da sie (einzeln) machtlos (dazu) sind,
> bringt die sogenannte Verbindung aus allen Elementen (den
> Körper) hervor;
> (diese Elemente), die miteinander in Widerspruch stehen,
> glücklich zu nennen, ist vollkommen unsinnig.«

Und im »Kostbaren Kranz von Ratschlägen für den König«:

> »Es gibt viele Umstände für den Tod,
> wenige für das Leben,
> und sogar sie (werden zu Umständen) für den Tod.
> Deshalb übe dich stets im Dharma.«

(3) Der Körper ist äußerst empfindlich

Im »Brief an einen Freund« heißt es:

> »Wenn die Erde, der Berg Meru und die Ozeane
> durch sieben lodernde Sonnen verbrannt werden,
> und auch von den Lebewesen nicht einmal Staub übrig bleiben wird,
> was kann man von den Menschen sagen – sie sind so empfindlich!«

Und im »Brief an den König Kanika«:

> »Der Tod ist für niemanden ein Freund.
> Weil er plötzlich angreift,
> sage nicht: ›Das mache ich morgen‹,
> sondern beeile dich mit dem heiligen Dharma.
>
> Es ist nicht gut für einen Menschen zu sagen:
> ›Das mache ich morgen.‹
> Denn eines Tages wird ohne Zweifel ein Morgen kommen,
> an dem du nicht mehr sein wirst.«

Wenn man stirbt, kann nichts außer Dharma helfen

Wenn man stirbt, können uns weder Verwandte und Freunde noch Körper und Reichtum helfen.

Im »Brief an den König Kanika« heißt es:

> »Vom Karma, das früher zur Reife gelangt ist,
> wirst du völlig verlassen sein.
> Deshalb wird dich der Tod
> in Verbindung mit neuem Karma[16] heranziehen.
>
> Alle Lebewesen werden sich dann abwenden
> und keiner wird mit dir gehen
> außer den heilsamen und unheilsamen Handlungen.
> Das solltest du wissen und sorgsam in deinen Handlungen sein.«

Śrī Jagatamitra hat gesagt:

> »Auch wenn du so reich bist wie ein Gott –
> wenn du nach deinem Tod in eine andere Welt gehst,
> wirst du wie jemand sein, der in der Wüste vom Feind überwältigt
> wurde: allein, ohne Kinder, ohne Frau,
> ohne Essen, ohne Freunde,
> ohne Königreich, ohne Residenz.
>
> Auch wenn du unermessliche Kraft und Armeen besitzt,
> werden sie nicht zu sehen und nicht zu hören sein.

Nicht ein Einziger wird da sein,
der dir in deine Zukunft folgt.
Kurzum, wenn nicht einmal dein Name mehr vorhanden sein wird,
was könnte man sonst noch sagen?«

Zum Abschluss dieser Überlegungen sollte man denken: »Allgemein gesehen ist es sicher, dass ich sterben werde; ich weiß nicht, wann ich sterbe; zum Todeszeitpunkt wird mir nichts außer Dharma helfen. Deshalb werde ich den Dharma praktizieren. Unter den Dharma-Lehren wiederum ist die Meditation des Bodhicitta die beste und wesentlichste.« Wenn man darüber innere Gewissheit gewinnt, wird das alles zu einem Teil der Übung des Bodhicitta.

Drittens, das Nachdenken über Karma, Ursache und Wirkung

Nach dem Tod geht man nicht etwa in ein Nichts ein: Man muss eine Geburt annehmen. Als Geburtsort kommen nur die guten und die schlechten Daseinsbereiche in Frage. Dabei haben wir selbst keine freie Wahl, wir stehen unter der Fremdgewalt unseres Karma. Deshalb ist es sinnvoll, sich darum zu bemühen, in korrekter Weise gute Handlungen durchzuführen und schlechte aufzugeben. Dabei sind vier Punkte zu bedenken.

Karma ist gewiss

Alles Glück oder Leiden – sei es nun grob oder subtil – entsteht in der Folge von heilsamen bzw. unheilsamen Handlungen.

Im »Kostbaren Kranz von Ratschlägen für den König« heißt es:

> »Aus den unheilsamen Handlungen (kommt) alles Leid
> und (kommen) genauso alle schlechten Daseinsbereiche;
> aus den heilsamen Handlungen (kommen) alle guten
> Daseinsbereiche
> und das Glück in allen Existenzen.«

Karma vermehrt sich stark

Auch Ursachen in Form sehr geringfügiger heilsamer oder unheilsamer Handlungen können sehr großes Glück oder Leid zur Folge haben.

In der »Speziellen Verssammlung« heißt es:

> »Auch wenn man nur eine kleine unheilsame Handlung begeht,
> wird sie in zukünftigen Existenzen zu großen Gefahren,
> zu großen Verlusten und Mängeln führen;
> sie ist wie Gift, das in unser Inneres gelangt ist.
>
> Auch wenn man nur eine kleine verdienstvolle Handlung
> durchführt, bringt sie großes Glück in zukünftigen Existenzen
> und wird großen Nutzen bewirken;
> so wie Samen zu Vortrefflichem heranreifen.«

Weiterhin heißt es im gleichen Text:

> »So wie Vögel, die am Himmel fliegen,
> von ihren Schatten begleitet werden,
> werden die Lebewesen
> von ihren guten und schlechten Handlungen verfolgt.
>
> Gerade so wie geringe Reisevorräte
> für die Reisenden zu Leiden führen,
> werden Lebewesen, die keine guten Taten durchgeführt haben,
> zu schlechten Daseinsbereichen gelangen.
>
> Gerade so wie reichliche Reisevorräte
> für die Reisenden einen angenehmen Weg bedeuten,
> werden Lebewesen durch gute Handlungen
> zu guten Daseinsbereichen gelangen.«

und:

> »Auch eine ganz geringfügige unheilsame Handlung sollte man
> nicht unterschätzen,
> indem man denkt, dass sie einem nicht schaden wird.
> Auch durch das Sammeln von Wassertropfen wird
> ein großes Gefäß allmählich voll.«

und:

> »Denke nicht: ›Eine kleine unheilsame Handlung
> wird für mich folgenlos bleiben.‹
> So wie durch das Herunterfallen von Wassertropfen

ein großes Gefäß gefüllt wird,
werden die Kindischen gänzlich gefüllt
mit unheilsamen Handlungen,
die sie im Kleinen angesammelt haben.

Denke nicht: ›Eine kleine heilsame Handlung
wird für mich folgenlos bleiben.‹
So wie durch das Herunterfallen von Wassertropfen
eine große Vase gefüllt wird,
so werden die Gefestigten gänzlich gefüllt
mit heilsamen Handlungen,
die sie im Kleinen angesammelt haben.«

Karma vermehrt sich stark: Nicht getane Handlungen haben kein Ergebnis

Wenn man keine Handlung begangen hat, die zur Ursache für die Erfahrung von Glück oder Leid wird, so wird man ihr Ergebnis niemals erfahren. Sogar diejenigen, die in den Genuss der Früchte der Ansammlungen gelangen, die der Lehrer (Buddha) in zahllosen Zeitaltern angesammelt hat, müssen zwar nicht alle Ursachen ansammeln, aber doch einen Teil davon.[17]

Karma erschöpft sich nicht

Im »Besonders hervorgehobenen Lobpreis« heißt es:

>»Die Brahmanen sagen, dass heilsame und unheilsame Handlungen
>so wie beim Geben und Nehmen übertragen werden.
>Du aber hast gesagt, dass sich Taten nicht erschöpfen
>und Nichtgetanes keine Folgen hat.«

Im »Sūtra über den König der meditativen Festigung« heißt es:

>»Das gibt es nicht,
>dass man etwas getan hat
>und nicht auf das Ergebnis treffen wird.
>Was andere getan haben,
>wird man nicht zu fühlen bekommen.«

und in der »Vinaya-Überlieferung«:

> »Auch in hundert Zeitaltern sind Taten nicht erschöpft.
> Wenn die Lebewesen (den richtigen) Umständen
> zur (richtigen) Zeit begegnen,
> tragen (die Taten) ihre Früchte.«

In dieser Weise überzeugt man sich sorgfältig von der Tatsache, dass Karma gewiss ist, dass es stark anwächst, dass nicht getane Handlungen keine Folgen haben und dass sich Getanes nicht erschöpft; daraus folgt, dass es notwendig ist, von der Motivation angefangen, alle Arten unheilsamen Handelns zu unterbinden und nach heilsamen Handlungen zu streben.

Nun soll man noch darüber nachdenken, dass unter den heilsamen Handlungen die Übung des kostbaren Bodhicitta die beste, die höchste, die ausgezeichnete ist – dadurch wird alles zu einem Teil der Übung des Bodhicitta.

Viertens, das Nachdenken über die Nachteile des Daseinskreislaufs

Hier gibt es sechs Punkte.

Der Nachteil der Ungewissheit

Solange man im Daseinskreislauf herumwandert, werden Freunde zu Feinden und umgekehrt. Das gilt es zu erkennen und zu betrachten, dass es unter den Phänomenen des Daseinskreislaufs gar nichts gibt, auf das man sich verlassen kann. So wird man Abscheu davor gewinnen.

Im »Brief an einen Freund« heißt es:

> »Der Vater wird zum Sohn, die Mutter zur Ehefrau,
> feindlich gesinnte Menschen zu Freunden
> und das Gegenteil passiert auch. Deshalb
> gibt es im Daseinskreislauf keinerlei Gewissheit.«

Und im »Sūtra über die Fragen des Subāhu«:

> »Manchmal wird sogar ein Feind zum Freund,
> und genauso wird auch ein Freund zum Feind.

In gleicher Weise werden manche zu neutralen Personen.
Diese neutralen Personen werden zu Feinden
und genauso zu Freunden.

Das sollten Verständige erkennen und niemals Anhaftung haben.
Man sollte die Konzepte überwinden, dass man an Nahestehenden
Freude hat,
und sich ausgiebig an heilsamen Handlungen freuen.

Der Nachteil, dass man keine Zufriedenheit kennt

Im «Brief an einen Freund» heißt es:

«Jeder hat mit der Milchmenge, die er getrunken hat,
die vier Ozeane übertroffen.
Dennoch suchen die Wesen des Daseinskreislaufs dadurch,
dass sie immer weiter gewöhnliche Existenzen verfolgen,
noch viel mehr zu trinken.»

Dabei ist das nur eine Andeutung.

Aus dem gleichen Text:

»Wie ein Leprakranker, der, geplagt von Würmern,
Feuer anwendet, um sich wohler zu fühlen,
und trotzdem keinen Frieden findet,
von gleicher Art erkenne die Anhaftung an Sinnesobjekte.«

In der »Zusammengefassten Gāthā über die Vollkommenheit der Weisheit« heißt es:

»Was könnte es für eine größere Krankheit geben,
als die gewünschten Dinge zu erlangen,
sie täglich zu sich zu nehmen
und durch den reichhaltigen Genuss nicht befriedigt zu sein?«

Das heißt also: So viele Sinnesobjekte man auch genießt – man bleibt
unbefriedigt.
    Denkt man insbesondere darüber nach, was im »Sūtra über die Beseitigung von Kummer« steht, wird man großen Abscheu (vor diesem Prozess)
empfinden:

»Die Menge an kochendem, geschmolzenem Kupfer,
die man immer wieder in den Höllenbereichen getrunken hat,
übertrifft sogar diejenige des Wassers
in den Ozeanen.

Die Menge an Unreinem, die man in seinen Existenzen
als Hund oder Schwein gefressen hat,
ist sehr viel mehr
als der Berg Meru.

Als Gefäß für die Tränen,
die man, getrennt von Freunden und Familie,
in Bereichen des Daseinskreislaufs geweint hat,
würde nicht einmal der Ozean ausreichen.

Wenn man die Köpfe aufeinander häufen würde,
die man sich gegenseitig im Streit abgeschlagen hat,
würde ihre Höhe
die Brahmawelt in den Schatten stellen.

Würde man einen großen Ozean aus Milch mit dem füllen,
was man in seinen Existenzen als ausgehungerter Wurm
an Erde und Jauche gefressen hat,
wäre er gänzlich angefüllt.«

Das heißt also: Wie viele Herrlichkeiten der Daseinswelt man auch erlangt
hatte, man wurde dadurch getäuscht und es wird so weitergehen, wenn man
sich noch immer nicht (im Dharma) bemüht. Über diesen Sachverhalt, wie
er hier erklärt wurde, gilt es nachzudenken und entsprechenden Abscheu zu
entwickeln.

Geshe Sangphuwa sagte:

»Dass man im Daseinskreislauf noch vielmals auf dem Rücken und
auf dem Bauch liegen muss,[18] entspricht unseren Wünschen nicht.«

Darüber denkt man nach, bis man im (eigenen) Geist eine Verbindung
dazu bekommt.

Der Nachteil, dass man seinen Körper immer wieder aufgibt

Wenn die Knochen der Körper, die jedes Lebewesen angenommen und aufgegeben hat, nicht verrotteten – ihre Menge überträfe den Berg Meru; es heißt (im »Brief an einen Freund«):

> »Der Knochenhaufen eines jeden Wesens
> wäre höher als der Berg Meru.«

Der Nachteil, dass man immer wieder mit einer Geburt des Daseinskreislaufs in Verbindung tritt

> »Würde man mit Kügelchen von bloßer Wacholderbeeren-Größe seine Mütter bis hin zur ersten zählen, die Erde reichte nicht aus.«

Im Kommentar dazu wird ein Sūtra zitiert:

> »Ihr Mönche, würden zum Beispiel beliebige Personen von dieser großen Erde Kügelchen von Wacholderbeeren-Größe nehmen und sie mit den Worten: ›Dies steht für meine Mutter, dies für die Mutter meiner Mutter usw.‹ fortwerfen, dann, ihr Mönche, ginge die Substanz dieser großen Erde relativ früh zur Neige, die Reihe der Mütter der Menschen jedoch nicht.«

Der Nachteil, dass sich Hohes immer wieder in Niedriges verwandelt

Im »Brief an einen Freund« heißt es:

> »Nachdem man Indra gewesen ist, der Verehrung der Welt würdig,
> fällt man durch die Kraft des Karma wieder auf die Erde.
> Nachdem man gar ein Universeller König gewesen ist,
> wird man in den Welten des Daseinskreislaufs wieder zu einem Sklaven.
>
> Nachdem man lange Zeit das Glück erfahren hat,
> Brüste und Hüften paradiesischer Mädchen zu genießen,
> wird man in den Höllenbereichen
> den gänzlich unerträglichen Maschinerien
> des Gemahlen-, Zerschnitten- und Zerschlitztwerdens
> ausgesetzt sein.

Auch nachdem man lange Zeit,
auf der Spitze des Berges Meru verweilend,
die Elastizität des Bodens
unter der Berührung der Füße genossen hat,
wird einen wieder das unerträgliche Leiden des Wanderns
im feurigen Abgrund und im widerlichen Sumpf
(der Höllenbereiche) befallen. Darüber denke nach!

Nachdem man sich, bedient von paradiesischen Mädchen,
ausgelassen in schönen Gärten vergnügt hat,
werden einem wiederum von den Wäldern (der Höllenbereiche) mit
ihren schwert- und messergleichen Blättern
Beine, Hände, Ohren und Nase abgetrennt werden.

Nachdem man auf sanft fließenden Gewässern
in den goldenen Lotos
göttlicher, schöngesichtiger Mädchen eingetreten war,
wird man wiederum in den Höllenfluss Vaitaraṇī geraten,
dessen ätzend heißes Wasser unerträglich ist.

Nachdem man in den Götterländern höchste Sinnesfreuden
oder das anhaftungsfreie Glück der Brahmawelt erlangt hatte,
wird man sich wieder zu Brennholz des Feuers
in der Avīci-Hölle verwandeln
und dadurch ununterbrochen Leid erfahren.

Selbst nachdem man den Zustand von Sonne und Mond erlangt
und mit dem Licht des eigenen Körpers alle Welt erhellt hat,
wird man wiederum in tiefste Finsternis verfallen
und nicht einmal die eigene ausgestreckte Hand sehen können.«

In der »Vinaya-Überlieferung« heißt es:

»Das Ende alles Ansammelns ist das Zur-Neige-Gehen,
das Ende alles Hochseins ist das Herunterfallen,
das Ende des Zusammentreffens ist die Trennung,
das Ende des Lebens ist der Tod.«

Der Nachteil, keine Freunde zu haben

(Im »Brief an einen Freund« heißt es:)

> »So sind die Fehler –
> also ergreife fest die helle Lampe der Drei Arten von Verdienst:[19]
> Allein wirst du in völlige Finsternis gehen,
> die nicht von Sonne und Mond erreicht wird.«

Diese sechs Punkte lassen sich in drei zusammenfassen:

1. Auf den Daseinskreislauf ist kein Verlass;
2. Gleichgültig, wie viele Freuden des (Daseinskreislaufs) man genießt, man erreicht keine Befriedigung;
3. Man ist seit anfangloser Zeit in (diesem Zustand).

Zum ersten Punkt gibt es vier Unterpunkte:
- Es ist kein Verlass darauf, dass man einen Körper erlangt hat, weil man ihn immer wieder aufgibt;
- Es ist kein Verlass auf das, was uns nutzt oder schadet, weil darin keine Gewissheit liegt;
- Es ist kein Verlass auf den Wohlstand, weil Höherstehende zu Niedrigen werden;
- Es ist kein Verlass auf die Begleitung, weil wir allein weitergehen.

(Der zweite Punkt wird nicht näher ausgeführt).

Der dritte Punkt bedeutet, dass man immer wieder mit einer Geburt im Daseinskreislauf in Verbindung tritt und kein Ende der Geburtenkette zu erkennen ist.

In dieser Weise kann man in zusammengefasster Form nachdenken.

Wenn man größere Geisteskraft besitzt, so heißt es im »Brief an einen Freund«:

> »Mein Fürst, entwickle Abscheu vor diesem Daseinskreislauf –
> er ist die Quelle so vieler Leiden
> wie Trennung von dem, was man sich wünscht,
> wie Tod, Krankheit, Alter usw.«

Das bedeutet, dass man die Acht bzw. die Drei Arten des Leidens durchdenkt und in dieser Weise über die allgemeinen Leiden des Daseinskreislaufs und im Speziellen über die Leiden der Sechs Daseinsklassen nachdenken soll. Wenn man auf vielerlei Weise nachdenkt, wird man eine Einstellung gewinnen, die die Nachteile des Daseinskreislaufs aus vielen Gründen heraus versteht. Wenn man mit starker Motivation nachdenkt, wird es eine sehr kräftige, und wenn man lange Zeit nachdenkt, wird es eine dauerhafte Einstellung sein, mit der man die Nachteile des Daseinskreislaufs sieht.

Wenn man auf diese Weise die Nachteile des Daseinskreislaufs sieht und daraus der feste Wunsch erwächst, sich daraus zu befreien, gilt es noch zu erkennen, dass von den Wegen, die aus dem Daseinskreislauf befreien bzw. zur Befreiung führen, (der Weg) des kostbaren Bodhicitta der beste, der höchste, der ausgezeichnete ist – dadurch wird alles zu einem Teil der Übung des Bodhicitta.

Damit sind die Vorbereitungen erklärt, die Art und Weise, wie man über die Lehren zur eigenen Situation nachdenkt.

[PUNKT 2]

Die Methode zur Übung des kostbaren Bodhicitta selbst

Hier gibt es zwei Teile:
Erstens, die Stufen zur Übung des konventionellen Bodhicitta
Zweitens, die Stufen zur Übung des absoluten Bodhicitta

Erstens, die Stufen zur Übung des konventionellen Bodhicitta

Zuerst wird gezeigt, dass Bodhicitta der einzige Zugang zum Großen Fahrzeug ist, dann werden die Stufen zur Übung des Bodhicitta selbst erklärt.

Bodhicitta ist der einzige Zugang zum Großen Fahrzeug

Wenn man also dementsprechend[20] ins Große Fahrzeug eintreten möchte, wird man sich überlegen, wie man Zugang dazu findet:
Der Buddha hat das Große Fahrzeug der (Sechs) Vollkommenheiten und das Große Fahrzeug der Geheimen Mantras gelehrt – es gibt kein anderes Großes Fahrzeug. Gleichgültig in welches dieser beiden man ein-

tritt, der einzige Zugang ist Bodhicitta. Sobald es sich im Geistesstrom gebildet hat, ist man ins Große Fahrzeug eingetreten, selbst wenn man sonst keine (Qualitäten) erlangt hat. Und sobald man es verliert, spielt es keine Rolle, ob man die Leerheit erkannt hat oder über irgendwelche anderen Qualitäten verfügt: Man fällt auf die Stufe der Hörer usw. zurück und hat das Große Fahrzeug verloren. Das wird in vielen Schriften des Großen Fahrzeugs erklärt und kann auch logisch abgeleitet werden.

Dementsprechend wird der erste Eintritt ins Große Fahrzeug nur durch das Entstehen des Bodhicitta definiert. Und auch wenn man später das Große Fahrzeug verlässt, wird das nur durch den Verlust des Bodhicitta definiert. Die Anwendbarkeit des Ausdrucks »Angehöriger des Großen Fahrzeugs« folgt also streng dem Vorhandensein dieses Geisteszustands.

Dazu heißt es im »Eintritt in das Leben zur Erleuchtung«:

> »Im selben Moment, in dem Bodhicitta entsteht,
> werden armselige Wesen, die im Gefängnis
> des Daseinskreislaufs gebunden sind,
> als Kinder der Buddhas bezeichnet.«

und:
> »Heute bin ich in der Familie der Buddhas geboren.
> Heute bin ich zu einem Kind der Buddhas geworden.«

Es wird also gelehrt, dass man unmittelbar nach der Entstehung des Bodhicitta zu den Kindern der Buddhas gehört.

Ebenso heißt es in der »Lebensgeschichte des Ārya Maitreya«:

> »Sohn aus edler Familie, es ist so: Auch wenn z. B. ein kostbarer Diamant zerbricht, überstrahlt er doch alle herausragenden Schmuckstücke aus Gold, verliert seinen Namen ›kostbarer Diamant‹ nicht und hält alle Armut fern.
>
> Sohn aus edler Familie, in gleicher Weise überstrahlt der kostbare Diamant der Geisteshaltung, die auf die Allwissenheit gerichtet ist, auch dann, wenn sie nicht mit Bemühung verbunden ist, alle goldenen Schmuckstücke der Qualitäten der Hörer und Alleinverwirklicher, man verliert den Namen eines Bodhisattva nicht und überwindet alle Armut des Daseinskreislaufs.«

Das heißt: Selbst wenn man sich nicht in den Handlungen übt – sobald diese Geisteshaltung vorhanden ist, ist man ein Bodhisattva.

Der Schutzherr Nāgārjuna sagte (im »Kostbaren Kranz von Ratschlägen für den König«):

> »Wenn ich und (die anderen Wesen) der Welt
> die unübertreffliche Erleuchtung erlangen wollen –
> ihre Wurzel ist Boddhicitta,
> so fest wie der König der Berge.«

Im »Großen Tantra der Ermächtigung des Vajrapāṇi« heißt es:

> »›Großer Bodhisattva, dieses Maṇḍala des großen Dhāraṇī-Mantras – äußerst umfassend, äußerst tiefgründig, von ungeahntem Ausmaß, noch wesentlich geheimer als geheim – darf den Lebewesen, die voll unheilsamer Handlungen sind, nicht gezeigt werden. Du, Vajrapāṇi, hast etwas sehr Seltenes gelehrt. Welchen Lebewesen soll man es erklären, wenn sie es zuvor noch nicht gehört haben?‹
>
> Vajrapāṇi antwortete: ›Mañjuśrī, sobald jemand in die Meditation des Bodhicitta eingetreten ist und es verwirklicht hat, sollten die Bodhisattvas, die die Bodhisattvahandlungen durchführen und Zugang zu den Geheimen Mantras haben, ihn in das Maṇḍala des Dhāraṇī-Mantras eintreten lassen, das ihn in der großen Erkenntnis ermächtigt. Diejenigen, die Bodhicitta nicht verwirklicht haben, sollte man nicht eintreten lassen, ja sie das Maṇḍala nicht einmal sehen lassen. Ihnen sollte man auch die Handgesten und das Geheime Mantra nicht zeigen.‹«

Dazu heißt es auch im »Sūtra über die Baumstamm-Anordnung«:

> »Sohn aus edler Familie, Bodhicitta ist wie der Same der Buddhalehren. Weil es das Heilsame aller Lebewesen vermehrt, ist es wie ein Feld. Weil es die ganze Welt unterstützt, ist es wie die Erde. Weil es alle Armut völlig überwindet, ist es wie Vaiśravaṇa.[21] Weil es alle Bodhisattvas vollkommen schützt, ist es wie ein Vater. Weil es allen Nutzen völlig verwirklicht, ist es wie der König unter den wunscherfüllenden Juwelen. Weil es alle Wünsche vollständig erfüllt, ist es wie eine wunscherfüllende Vase. Weil es den Feind der Leidenschaften

besiegt, ist es wie eine Lanze. Weil es ungute Vorstellungen verhindert, ist es wie eine Rüstung. Weil es den Leidenschaften den Kopf abschlägt, ist es wie ein Schwert. Weil es das Holz der Leidenschaften spaltet, ist es wie eine Axt. Weil es vor allen Bedrohungen schützt, ist es wie eine Waffe. Weil es diejenigen, die in den Gewässern des Daseinskreislaufs leben, herauszieht, ist es wie ein Fischerhaken. Weil es alle Schleier und ihre verdeckten Wurzeln völlig zerstreut, ist es wie ein Wirbelsturm. Weil es alle Handlungen und Wunschgebete der Bodhisattvas kurz darstellt, ist es wie eine Zusammenfassung. Weil ihm von der Welt – Göttern, Menschen wie Halbgöttern – Opfergaben dargebracht werden, ist es wie ein Stūpa. Sohn aus edler Familie, in dieser Weise besitzt das Bodhicitta diese und unzählige andere besondere Qualitäten.«

Somit ist Bodhicitta der spezielle Zugang zum Großen Fahrzeug, das zur Verwirklichung des Rangs eines vollendeten Buddha führt; Bodhicitta verbrennt alle Schleier durch das zuvor angesammelte Karma im Bewusstseinsstrom dessen, bei dem es entsteht; es schützt vor allen Leiden und Gefahren; es bringt alle Früchte der guten Daseinsbereiche und des Definitiv Guten in unerschöpflicher Weise hervor; es ist wie der Rahm, der aus dem Umrühren des (Milch-)Ozeans der Schriften hervorgeht; es ist wie ein lebensfähiger Same, die spezielle substanzielle Ursache für den Weg zur Buddhaschaft.

Nachdem man den Nutzen des Bodhicitta verstanden hat, sollte man sich von Herzen freuen; man sollte denken: »Im Allgemeinen habe ich die Kostbare Menschenexistenz erlangt und dadurch die Fähigkeit, den heiligen Dharma zu üben; und ganz besonders habe ich mit der Möglichkeit, das Bodhicitta des Großen Fahrzeugs zu praktizieren, die allerbeste Entdeckung gemacht.« Es ist sehr wichtig, darüber starke innere Gewissheit zu erzeugen.

Die Stufen zur Übung des Bodhicitta selbst

Dieses Kapitel unterteilt sich in die eigentlichen Unterweisungen zur Übung des konventionellen Bodhicitta und die zusätzlichen Unterweisungen.

Bei den eigentlichen Unterweisungen gibt es zwei Teile:

Erstens, die Stufen, wie man Bodhicitta unter dem Aspekt übt, für andere Nutzen anzustreben.

Zweitens, die Stufen, wie man Bodhicitta unter dem Aspekt übt, Erleuchtung anzustreben.

(I) Die Übung des Bodhicitta unter dem Aspekt, für andere Nutzen anzustreben

Hier gibt es zwei Teile:

Erstens, die Lehre des Austauschens zwischen sich selbst und anderen anhand von Fehlern und Vorzügen.

Zweitens, die eigentliche Übung des Bodhicitta unter dem Aspekt, für andere Nutzen anzustreben.

Die Lehre vom Austauschen zwischen sich selbst und anderen anhand der Fehler und Vorzüge

Im Allgemeinen haben die großen Wegbereiter bei der Übung des Bodhicitta (zwei Aspekte) unterschieden, die anzustreben sind: den Nutzen für andere und die Erleuchtung.

Was den Nutzen für andere betrifft, ist es zunächst nötig, diejenigen, denen Nutzen gebracht werden soll, also (alle) Lebewesen, gleichmäßig als geliebte, unserem Herzen verbundene Wesen unter einem angenehmen Aspekt zu betrachten.

Um das zu erreichen, betrachtet man bei der Siebenfachen Unterweisung von Ursache und Wirkung, wie sich Nahestehenden gegenüber ein angenehmes, Feinden gegenüber ein unangenehmes und neutralen Personen gegenüber ein gleichgültiges Gefühl entwickelt. Deshalb meditiert man, dass alle Lebewesen nahe stehende Personen sind, und da die nahestehendste Person überhaupt die (eigene) Mutter ist, verwirklicht man den angenehmen Aspekt, indem man über die drei Punkte des Erkennens (aller Lebewesen) als Mütter, des Erinnerns ihrer Güte und des Zurückgebens ihrer Handlungen meditiert.

Bei der Übung auf der Basis der Schriften des Ārya Śāntideva denkt man auf vielerlei Weise über die Fehler der Selbstsucht nach und wendet sich dadurch von ihr ab; man denkt auf vielerlei Weise über die Vorteile und Qualitäten der Liebe zu anderen nach und erreicht dadurch, dass einem diejenigen, denen Nutzen gebracht werden soll, als geliebte, unserem Herzen verbundene Wesen unter einem angenehmen Aspekt erscheinen.

Die Methode bei der Übung des Bodhicitta nach dem großen Bodhisattva Tschäkhawa beruht auf letzterem (Ansatz). Daraus ergeben sich bei der Erklärung zwei Punkte: Es wird gezeigt, dass die Selbstsucht aufzugeben ist, indem man über ihre Fehler nachdenkt, und es wird gezeigt, dass die Wertschätzung anderer zu praktizieren ist, indem man über ihre Vorteile nachdenkt.

• **Die Selbstsucht: das, was aufzugeben ist**

---

4. GIB EINEM ALLE SCHULD.

Wann immer wir Lebewesen von unerwünschtem Leiden befallen werden und unsere Wünsche keine Verwirklichung finden – die Ursache liegt darin, dass wir die Schuld in etwas anderem außerhalb von uns suchen. Das ist eine falsche Schuldzuschreibung:

Denn die Tatsache, dass wir innerhalb der Fünf oder Sechs Daseinsklassen der Lebewesen, angefangen mit der Avīci-Hölle bis hin zur Spitze des Existenzbereichs, geboren werden und auf verschiedene Weise langfristig heftiges Leiden erfahren müssen, entsteht weder ohne Grund noch aus einem Grund, der nicht (mit dem Ergebnis) in Übereinstimmung stünde; Karma und Leidenschaften sind die Ursprünge, in deren Gefolge (das alles) entsteht. Da Karma durch die Leidenschaften angesammelt wird, sind die Leidenschaften das Entscheidende. Und innerhalb der Leidenschaften wiederum ist die Unwissenheit, die an einem Ich festhält, die Quelle aller Leiden.

Im »Eintritt in das Leben zur Erleuchtung« heißt es:

> »Was es auch immer an Qualen in der Welt gibt,
> und wie viele Gefahren und Leiden auch vorhanden sind,
> sie alle entstehen aus dem Ichdenken.
> Oh, was macht dieser große Dämon nur mit mir.«

Der Schaden, der mir von den Leidenschaften zugefügt wird, allen voran das Festhalten am Ich, ist der eigentliche Schaden. (Auch) langfristig kann man damit nicht in Übereinstimmung kommen. Aus dem gleichen Text:

»Auf diese Weise ist (das Ichdenken) seit langem
mein ständiger Feind,
die einzige Ursache dafür, dass die Menge an Schaden
stark im Zunehmen begriffen ist.
Solange es ständig in meinem Herzen verweilt,
wie könnte ich im Daseinskreislauf ohne Angst glücklich werden?«

Weiterhin sollte man darüber nachdenken, wie uns die Selbstsucht mit vielerlei Schaden in Verbindung bringt und uns das Tor zur Verwirklichung des Nutzens versperrt, und entsprechenden Groll gegen sie hegen:

Diese Selbstsucht, das Verachten anderer, herbeigeführt von Verblendung und Unwissenheit, ergreift die scharfe Waffe der falschen Ansichten und schneidet unter Missachtung von Heilsamem und Unheilsamem die Lebensader der guten Daseinsbereiche und des Definitiv Guten ab. Ein solch bösartiger Mörder ist in ihr zu finden.

Die Selbstsucht lädt sich den Sack der Drei Geistesgifte auf und macht damit die Ernte des Heilsamen zunichte. Ein solch großer Räuber und Bandit ist in ihr zu finden.

In der Mitte des Herzens sammelt sie viele schlechte Dinge an, die alles andere als verdienstvoll sind, und lädt alle menschlichen und nichtmenschlichen Schadensstifter ein. Ein solcher eulenköpfiger Verderbenbringer ist in ihr zu finden.

Ins Feld des Karma legt sie den Samen des Bewusstseins. Wieder und wieder begießt sie ihn mit dem Wasser der Begierde und des Greifens und bringt die vielen Schößlinge des Leidens in den Fünf oder Sechs Daseinsklassen zum Wachsen. Ein solcher Bauer ist in ihr zu finden.

Obwohl es zwischen den früher erschienenen Buddhas und uns selbst keinen Unterschied darin gibt, wie lange Zeit wir in der Daseinswelt zugebracht haben, haben wir (bisher) keinerlei Verbindung mit weltlichen oder überweltlichen Qualitäten zustande gebracht. Ein solcher Faulpelz, der sich müßigen Tätigkeiten hingibt, die (zu einem Tod) nackt mit leeren Händen führen, ist in ihr zu finden.

Wo auch immer man geboren wird, vom Gipfel des Existenzenbereichs bis hin zur Avīci-Hölle, es ist eine Wohnstätte des Leidens. Mit wem auch immer wir uns befreunden, diese Freundschaft ist mit Leiden verbunden. Was auch immer wir genießen, es geht über die mit Leiden verbundenen

Genüsse nicht hinaus. Obwohl wir das aus den Lehrreden des Buddha, aus den Schriften der gelehrten Kommentatoren und aus den Liedersammlungen verwirklichter Meister gehört haben und es gewiss ist, sind wir wie alte Hunde, die sich um die Nahrung scharen: Sobald wir eine einzige Vortrefflichkeit des Existenzenkreislaufs sehen, kann unser Geist nicht davon ablassen. Ein solcher Nimmersatt ist in ihr zu finden.

Aus der Unsicherheit heraus, ob Nutzen entsteht oder nicht, führen wir uns selbst an der Nase herum in der Hoffnung, dass ein Nutzen in Form eines (endgültigen) Abwendens von Kampf kommen wird.

Aus der Unsicherheit heraus, ob Schaden zu befürchten ist oder nicht, bauen wir aus Furcht, dass ein großer Schaden entstehen könnte, der uns in diesem und zukünftigen Leben zugrunde richten wird, viele dicke Mauern auf, die den zukünftigen Weg (zur Befreiung) blockieren. Auch eine solche von Hoffnungen und Befürchtungen getriebene Person ist in ihr zu finden.

Sogar in das Gemetzel von Messerschneiden, Pfeilspitzen und gezückten Lanzen stürzen wir uns in der Hoffnung auf Gewinn, und wenn uns eine Niederlage trifft, beschuldigen wir Abt, Lehrer, Freunde, Nahestehende, Eltern, Verwandte. Eine solche Person ohne Schamgefühl von üblem Charakter ist in ihr zu finden.

Bei allen – vom höchsten Lehrer bis hin zur niedrigsten Laus – sind wir gegenüber Höheren eifersüchtig, gegenüber Gleichen in Konkurrenz, gegenüber Niedrigeren arrogant. Wenn wir gelobt werden, sind wir hochmütig; wenn man uns Unangenehmes sagt, werden wir böse. Wie ein vagabundierendes Rind ohne Nasenring, ein vagabundierendes Pferd ohne Sattel ist sie unter allen Leidenschaften am zügellosesten.

Es gibt keinen Irrtum darin, dass aus Heilsamem Glück entsteht und aus Unheilsamem Leid. Obwohl wir dies aus den Lehrreden des Buddha, aus den Schriften der gelehrten Kommentatoren und aus den Liedersammlungen verwirklichter Meister gehört haben und es gewiss ist, obwohl wir uns Glück wünschen und nicht einmal das geringste Leid und obwohl wir von anderen ermahnt werden, gefällt uns das Heilsame nicht und wir hören nicht hin. Wie Wasser nach unten fällt, begehen wir ganz natürlich Vergehen, die aufgrund von Gelübden oder aus sich heraus unheilsam sind. Dabei hatten wir das Gegenteil versprochen. Eine solch bösartige Person mit einer pervertierten Sichtweise ist in ihr zu finden.

Die 84 000 Leidenschaften haben mich im anfanglosen Daseinskreislauf bis heute mit vielerlei Schaden und Leiden in Verbindung gebracht. Obwohl sie uns so viele Tore zur Verwirklichung von Nutzen und Glück versperrt haben, sehen wir noch immer nicht im Geringsten ihre Fehler. Ein solcher Blinder, der wie eine trockene Lehmstatue einfach so herumsteht, ist in ihr zu finden.

Kurz, wenn die Selbstsucht, die Basis für das Entstehen allen Schadens und allen Leids, unsere Handlungen durch Körper, Rede und Geist beherrscht, so ist das ein Vorzeichen, dass äußere Feinde, innere Verwirrung und alle Arten von Schaden für diese und zukünftige Existenzen entstehen werden. Ein Vögelchen mit blauem Kopf, ein schlechtes Omen – das ist die Selbstsucht, die Einstellung, die andere verachtet. Sie gilt es zu erkennen, als unseren Todfeind zu begreifen und die Trennlinie zwischen Feind und Freund zu ziehen.

Dazu hat Ārya Śāntideva gesagt:

>»Die früheren Zeiten, in denen du mich
> zugrunde gerichtet hast, sind vorbei.
> Ich sehe dich und wo immer du hingehst,
> werde ich deinen Hochmut völlig besiegen.

> Ich habe dich an die anderen verkauft;
> du darfst nicht traurig sein, ich habe dir deinen Lohn gegeben.
> Wenn ich achtlos werde
> und dich den anderen nicht gebe,

> ist es gewiss, dass du mich
> den Höllenwächtern ausliefern wirst.
> Wenn du das (auch nur) einmal tust,
> muss ich für lange Zeit leiden.

> Nun werde ich mich meiner Rache erinnern –
> ich werde dein Denken an den eigenen Nutzen zerstören.«

Weiterhin, wenn wir in unserer Wohnung auch nur eine Maus quietschen hören, denken wir durch die Kraft dessen, dass wir seit anfangloser Zeit an die Selbstsucht gewöhnt sind: »Ob sie wohl unsere Nase abbeißen wird?« Wenn ein Donner grollt, haben wir gleich Angst, dass er in unseren Kopf einschlagen wird. Wenn wir an einen angeblich verhexten Ort kommen, haben wir Angst und befürchten, seinem Einfluss zu unterliegen. In gleicher Weise leiden manche an der Angst vor übler Nachrede, manche leiden unter der Angst, Feinde nicht unter Kontrolle halten zu können, manche leiden unter der Angst, ihre Familie nicht versorgen zu können. Kurzum, durch was auch immer wir manchmal veranlasst werden, ein Leiden nach dem anderen zu erfahren, was auch immer uns Leiden verursacht, bei allen sollten wir die Wurzel erkennen, die (wirklich) schuld daran ist.

Geshe Namowa hat gesagt: »Wenn du Teebarren zerstückelst, denke, dass du auf dem Kopf der Selbstsucht herumtrampelst«, und Geshe Ben: »Am Burgtor meines Bewusstseins habe ich die scharfe Lanze der Achtsamkeit ergriffen. Wenn (die Selbstsucht) mehr Kraft anwendet, wende auch ich mehr Kraft an. Wenn sie nachlässt, entspanne ich mich auch.«

Langri Thangpa hat gesagt: »Biete Gewinn und Sieg den Lebewesen dar.« Warum? Weil alle guten Ansammlungen in Abhängigkeit von ihnen entstehen. »Nimm allen Verlust und die Niederlage für dich selbst.« Warum? Weil aller Schaden und alle Leiden aus der Selbstsucht heraus entstehen.

Wenn wir in dieser Weise üben, ist es wie bei einem Bauch, der durch die Einnahme von Gift krank geworden war: Sein harter Zustand wird wieder weich.

Solange wir nicht in dieser Weise vorgehen, selbst wenn wir eine Yaklast von Mönchsroben aufbrauchen, uns tausend (Einweihungs-) Vasen auf den Kopf setzen lassen, selbst wenn wir unser ganzes Leben lang (Belehrungen) hören, selbst wenn wir uns von allem abkehren und uns äußerst bemühen, wir werden unsere Wünsche nicht im Mindesten erfüllen und wie eine brünstige Manguste keinen Weg finden, glücklich zu sein. Wir müssen aufpassen, dass wir unsere Daumenlänge nicht verlieren – wir müssen sie fest drücken.[22]

Wer sich in dieser Weise bemühen kann, wird mit vollem Recht als ein Angehöriger des Großen Fahrzeugs bezeichnet, als eine Person von großer Offenheit, von großer Kraft, von großem Verstand.

Kurzum, selbst wenn alle Buddhas der Drei Zeiten über die Fehler der Leidenschaften, die ihre Basis in der Selbstsucht haben, bis zu einem Zeitalter lang Belehrungen gäben, sie würden kein Ende finden. Aber wenn man auch nur das oben Erklärte, wenn man den Sinn der Lehren (des

Buddha) und der Kommentare mit Hilfe der Unterweisungen der edlen Lamas immer wieder überdenkt und ihn dabei auf die wunde Stelle des eigenen Geistes bezieht, wenn man es abwägt und wirklich versteht, dann wird sich unser Geistesstrom mit dem Dharma mischen, gleichgültig wie die Äußerlichkeiten auch beschaffen sein mögen – das Ziel wird erreicht werden. Andernfalls besteht die Gefahr, dass sogar alles, was als »gute Qualität« bezeichnet wird, die Selbstsucht nährt und zur Vermehrung der Leidenschaften beiträgt.

• **Die Wertschätzung anderer: das, was zu praktizieren ist**

5. MEDITIERE, DASS ALLE SEHR GÜTIG SIND.

Ganz allgemein, wie im »Eintritt in den Mittleren Weg« dargestellt, sind Liebe und Mitgefühl für Personen aus der Familie des Großen Fahrzeugs am Anfang, am Ende und in der Mitte wichtig; sie entstehen jedoch in Abhängigkeit von Lebewesen: Liebe entsteht, wenn man die Lebewesen betrachtet, denen es an Glück mangelt, und großes Mitgefühl entsteht, wenn man die Lebewesen betrachtet, die von Leiden – Flammenbergen gleich – gequält werden.

Im »Eintritt in das Leben zur Erleuchtung« heißt es:

> »Wer denen Opfergaben darbringt, die einen liebenden Geist besitzen, der ist ein höheres Wesen.«

Darüber hinaus, auch Bodhicitta – jene Geisteshaltung, die nach der unübertrefflichen Erleuchtung strebt und der Liebe und Mitgefühl vorausgehen – entsteht in Abhängigkeit von den Lebewesen: Man erkennt, dass allein Buddha fähig ist, den Nutzen und das Glück für alle Lebewesen ohne Ausnahme zu verwirklichen sowie allen Schaden und alles Leid zu beseitigen, und entwickelt Bodhicitta – das bedeutet, dass man, getrieben von Liebe und Mitgefühl, die vollkommene Buddhaschaft zu erreichen wünscht. Es heißt: »Bodhicitta ist, zum Wohle anderer die vollkommene Buddhaschaft zu wünschen.«

Auch die Vier Mittel des Sammelns von Schülern und die Sechs Vollkommenheiten entstehen, bestehen und entwickeln sich immer weiter in Abhängigkeit von den Lebewesen.

In dieser Weise hat die (Bodhisattva-) Aktivität ihre Basis im Bodhicitta; dessen Wurzeln sind Liebe und Mitgefühl. Die Basis, um diese beiden wiederum zu üben, die Essenz der Praktiken zur Entwicklung des Bodhicitta, entsteht in Abhängigkeit von den Lebewesen. Deshalb hängen auch alle Ansammlungen – die Ursachen für das Erreichen der Buddhaschaft als Ergebnis – von den Lebewesen ab.

Nachdem man die vollständige Buddhaschaft erlangt hat, entstehen die spontanen, ununterbrochenen Aktivitäten ebenfalls in Abhängigkeit von den Lebewesen, für die damit Nutzen bewirkt werden soll.

Kurzum, die Wurzel aller Ursachen und Ergebnisse des Großen Fahrzeugs ist die Wertschätzung der Lebewesen. Es heißt (im »Eintritt in das Leben zur Erleuchtung«):

> »Wann immer ich mit meinen Augen Lebewesen sehe,
> sollte ich sie mit Aufrichtigkeit und Liebe betrachten:
> ›Indem ich mich auf sie stütze,
> werde ich Buddhaschaft erlangen.‹«

Weiterhin, wenn wir zum Beispiel in ein äußerst fruchtbares Feld keimfähige Samen ausstreuen und sie gut behüten und pflegen, so wird eine gute, reichhaltige Ernte daraus. Wir werden ein gutes Feld sehr hoch schätzen, sobald wir das verstehen. Genauso ist es, wenn wir in das Feld der Lebewesen die keimfähigen Samen von Liebe, Mitgefühl, Bodhicitta, der Sechs Vollkommenheiten und der Vier Mittel des Sammelns von Schülern ausstreuen: Wenn wir sie gut behüten und pflegen, wird daraus der Zustand eines erhabenen Buddha, der die beiden Arten von Nutzen (für sich selbst und andere) vervollkommnet hat. Wir werden das Feld der Lebewesen sehr hoch schätzen, sobald wir das verstehen. Wir werden sie als geliebte, unserem Herzen verbundene (Wesen) unter einem angenehmen Aspekt betrachten und sie deshalb respektieren.

Im »Eintritt in das Leben zur Erleuchtung« heißt es:

> »Deshalb hat der Buddha
> das Feld der Lebewesen und das Feld der Buddhas gelehrt.
> Viele, die ihnen (beiden) zur Freude gehandelt haben,
> sind auf diese Weise zu vortrefflicher Vollkommenheit gelangt.

Da Lebewesen und Buddhas gleich darin sind,
dass man durch sie die Buddha-Eigenschaften verwirklicht –
was ist das für eine Art, den Buddhas Respekt zu erweisen,
aber den Lebewesen nicht in der gleichen Weise?

(Buddhaschaft) wird durch die Vorzüge des Gedankens (an die Lebewesen erreicht), nicht durch mich selbst!«[23]

Weiterhin, weil man die Lebewesen als Ursprung für Ursache wie Ergebnis der Buddhaschaft sieht, sind sie höchster Verehrung wert.

Im gleichen Text heißt es:

>»Wenn bei jemandem auch nur einige wenige Qualitäten in Erscheinung treten,
so würde eine Person, die die höchsten Qualitäten in sich vereint,
es sogar als zu wenig betrachten,
dem (ersteren) zur Würdigung die Drei Bereiche darzubringen.[24]

Weil die Lebewesen einen Aspekt besitzen,
der das höchste Dharma der Buddhas hervorbringt,
verdienen sie allein schon deswegen
unsere Würdigung.«

Es heißt, dass daraus, dass man die Lebewesen wertschätzt und ihren Nutzen und ihr Glück verwirklicht, die guten Daseinsbereiche und das Definitiv Gute entstehen, während aus der Vernachlässigung der Lebewesen alle Probleme entstehen.

Im »Kommentar zum Bodhicitta« heißt es:

>»In dieser Welt kommt das erwünschte Ergebnis
der guten Daseinsbereiche daher,
dass man den Lebewesen Nutzen bringt,
und das unerwünschte Ergebnis
der schlechten Daseinsbereiche daher,
dass man ihnen schadet.

Wenn man, gestützt auf die Lebewesen,
die unübertreffliche Buddhaschaft findet,

was ist es verwunderlich,
dass es in den Drei Bereichen der Welt
keinerlei Reichtum der Götter und Menschen gibt und keine
Existenz als Brahma, Indra, Rudra oder weltlicher Herrscher,
die nicht ausschließlich durch die Unterstützung von Lebewesen
bewirkt worden sind?

Was auch immer die Lebewesen
in den Höllenbereichen, als Tiere oder Hungergeister
an vielerlei Arten von Leiden erfahren –
sie kommen daher, dass man den Lebewesen Schaden zugefügt hat.

Schwer abzuwenden oder unerschöpflich
ist das Leiden durch Hunger und Durst,
durch Aufeinander-Einschlagen und Schmerzen –
es ist das Ergebnis davon, dass man den Lebewesen Schaden zugefügt
hat.«

Weil Anhänger des »Kleinen Fahrzeugs« die Lebewesen vernachlässigen,
erreichen sie nur eine geringfügige Erleuchtung, während diejenigen, die
zur höchsten Familie gehören, durch das Wertschätzen der anderen die
unübertreffliche Erleuchtung erlangen.

Aus dem gleichen Text:

»Mangelnde Zuneigung zu den Lebewesen
solltest du wie Gift energisch zurückweisen.

Erlangen nicht die Hörer eine niedrigere Erleuchtung,
weil sie keine Zuneigung haben?
Indem man die Lebewesen niemals aufgibt,
erlangt man die Erleuchtung eines vollendeten Buddha.

Wie könnten diejenigen, die untersucht haben,
auf welche Weise Nutzen und Nicht-Nutzen bewirkt werden,
auch nur einen Augenblick
dem eigenen Nutzen verhaftet bleiben?«

Was die Lebewesen betrifft, die uns jetzt Schaden zuzufügen scheinen: Die
Leidenschaften, die seit anfangloser Zeit in unserem eigenen Geistesstrom

sind, bilden die substanzielle Ursache. Die Handlungen, mit denen wir selbst seit anfangloser Zeit anderen Schaden zugefügt haben, sind die formenden Umstände. Durch ihre Kraft begehen diejenigen, die uns Schaden zufügen, von schlechten Gedanken angetrieben, viele falsche und grausame Taten. Aus diesem Grund liegt die Schuld dafür, dass wir im Allgemeinen den endlosen Daseinskreislauf und im Besonderen die verschiedenen Leiden in den schlechten Daseinsbereichen erfahren, bei uns selbst.

Ārya Śāntideva hat gesagt:

>»Angespornt durch meine Handlungen
sind Wesen aufgetaucht, die mir schaden.
Wenn sie dadurch in die Höllen geraten,
habe nicht ich sie zerstört?«

Ganz besonders zu dieser Zeit, da wir durch das Tor des Dharma des Großen Fahrzeugs getreten sind, fügen sie uns auf verschiedene Weise vielerlei Schaden zu und verursachen Hindernisse für den Dharma dieses Fahrzeugs. Dadurch werden sie im Allgemeinen anfällig für die Leiden des Daseinskreislaufs und im Besonderen für das Überwechseln oder Fallen in die niedrigen Daseinsbereiche und die mannigfaltigen Leiden dort. Wir sollten mit Mitgefühl daran denken.

Weiterhin sollte man denken: »Diese Schadensstifter waren zahllose Male meine Mütter. So oft habe ich euer Fleisch gegessen, euer Blut getrunken, eure Knochen genagt und eure Haut getragen, dass es nicht gezählt werden kann. Wenn man eure Milch und den Joghurt, den ich zu mir genommen habe, sammelte, wäre die Dreitausendfache Welt zu klein dafür. Zahllose Male habe ich euch getötet, geschlagen und beraubt. Ihr habt jetzt mir gegenüber das Recht auf ein Zurückgeben der Güte für das alles und auf das Zurückholen dessen, was euch zusteht. Das habe ich so verdient. Ihr wart so gütig zu mir.«

Mit spezieller Vorstellungskraft (meditiert man) mittels des Gebens und Nehmens über Liebe und Mitgefühl. Insbesondere bildet die Geduld, deren (Entwicklung) von Schadensstiftern abhängig ist, die Basis für die Sechs Vollkommenheiten – sie entstehen also auch in Abhängigkeit von den Schadensstiftern: Denn weil sie das Objekt für die Geduld sind, kultivieren wir Geduld. Wenn wir Geduld haben, sind ihr zwei Vollkommenheiten (Freigebigkeit und Ethik) vorausgegangen und drei (Eifer, Konzentration und Weisheit) entwickeln sich in Abhängigkeit von ihr. Wenn man sich die Bedeutung immer wieder durch den Kopf gehen lässt, (sieht man,) dass diese Objekte (für Geduld) diejenigen sind, die uns die Buddhaschaft in die Hand geben.

Der große Tschäkhawa hat dazu gesagt:

>>Gleichgültig, ob unser Feind oder Freund,
sie sind die Objekte, die unsere Leidenschaften anregen.
Wer in ihnen den Lehrer sieht,
dieser Mensch ist glücklich, wo auch immer er lebt.<<

Diesen Worten entsprechend sollten wir üben. Upādyāya und Ācārya[25] werden zum Beispiel als sehr gütig betrachtet, weil sie die Gelübde erteilen, die zur Ursache für die Befreiung und die Allwissenheit werden. In ähnlicher Weise vervollkommnen wir auch in Abhängigkeit von diesen (Schadensstiftern) Geduld und das wird zur Ursache für die große Erleuchtung. Das ist so, wie man sagt: >>Das Gute, das im Mund angelangt ist, wirft man nicht mit der Zunge weg.<<

Im >>Eintritt in das Leben zur Erleuchtung<< heißt es:

>>Deshalb, so wie wenn unversehens
ein Schatz im Haus auftaucht,
sollte ich mich über einen Feind freuen –
er wird zu einem Freund für die Erleuchtung.<<

und:

>>Ob sie mich beschimpfen,
mir in anderer Weise Schaden zufügen
oder sich über mich lustig machen,
sie alle werden zu einem Teil der Erleuchtung (für mich).<<

Der große Tschäkhawa hat auch gesagt:

>>Auch wenn sie auf Nutzen mit Schaden reagieren,
beantworte es mit der Meditation über großes Mitgefühl.
Ein großer Mensch von Jambudvīpa
wird als Antwort selbst auf Schaden gute Worte finden.<<

Wenn wir in dieser Weise zu üben verstehen, (so ist unsere Situation) so, wie es heißt, dass man über eine von Waffen strotzende Ebene wandern kann, wenn man einen Heldenkörper hat, oder dass man auf einer Juweleninsel keine Steine findet, um nach Hunden zu werfen: Es wird keine Zeit mehr kommen, zu der wir den Geist nicht üben. Dies ist der Punkt, an dem (alle) Unterweisungen zusammentreffen. Wenn man ihn hat, entspricht es dem Ausspruch: »Eine Unterweisung für einen Menschen. In einer Unterweisung liegt der Nutzen.«

Wenn man den Sinn dessen versteht, kann man die Lehre als »Übung des Bodhicitta« oder wie auch immer bezeichnen; es ist so, wie es über Pälden Lhamo[26] heißt:

> »Du mit den hundert Namen, den tausend Bezeichnungen,
> wie auch immer man dich ruft, das sind deine Namen,
> wie auch immer man dich bezeichnet, das sind deine
> Bezeichnungen.«

Langri Thangpa hat gelehrt:

> »In den Lebewesen begegnet ihr den Müttern, die die Buddhas der Drei Zeiten hervorbringen« und so weiter.

Er hat auch gesagt:

> »Bodhicitta entsteht gestützt auf die Lebewesen. Aber wenn man entsprechend dem Ausspruch: ›Was auch immer man tut, mit einem Helm ist es unbequem‹ den Anblick eines anderen nicht mag, wo auch immer man sich befindet, und denkt: ›Der hat etwas gegen mich‹, so läuft es darauf hinaus, dass man sich an der Ursache für die Buddhaschaft nicht freut.«

Weiterhin hat Ārya Śāntideva die Vorteile der Wertschätzung anderer und die Fehler der Selbstsucht kurz zusammengefasst und die Aussage getroffen:

> »Was braucht man da noch viel zu erklären?
> Die Kindischen arbeiten für sich selbst,
> die Buddhas handeln zum Wohl anderer –
> betrachte den Unterschied zwischen diesen beiden!«

Wenn man sorgfältig in dieser Weise nachdenkt, wird man verstehen, dass die Selbstsucht die Quelle aller Fehler ist, während alle guten Qualtäten der Wertschätzung anderer entspringen. Aus diesem Verständnis heraus wird man den Lebewesen gegenüber, denen Nutzen zu bringen ist, die Einstellung entwickeln, dass sie als geliebte, unserem Herzen verbundene (Wesen) einen angenehmen Aspekt haben.

Deshalb sollten wir uns so lange bemühen, bis die beiden Einstellungen der Selbstsucht und der Vernachlässigung anderer wirklich ihren Platz getauscht haben.

Damit ist die Methode des Austauschens zwischen sich selbst und anderen kurz erklärt.

Die eigentliche Übung des Bodhicitta unter dem Aspekt, für andere Nutzen anzustreben

Hier wird unterschieden zwischen der Praxis zum Zeitpunkt des Hauptteils (der Meditation) und der Praxis zum Zeitpunkt nach (der Meditation) und während der Sitzungspausen.

Die Praxis zum Zeitpunkt des Hauptteils (der Meditation) besteht aus der Meditation der Liebe und der Meditation des Mitgefühls.

• **Die Meditation der Liebe**

---

6. ÜBE ABWECHSELND GEBEN UND NEHMEN.

Man meditiert über Liebe, indem man den anderen Körper, Besitz und die Wurzeln des Heilsamen gibt. Wenn man dabei zuerst über den Nutzen nachdenkt, wird man große Freude empfinden. Dazu heißt es im »Sūtra über den König der meditativen Festigung«:

> »Wenn wir auch in den millionen- und billionenfachen
> Reinen Bereichen des Universums
> stets den höchsten Wesen alles darbrächten,
> was es auch immer an zahllosen Opfergaben
> von vielerlei Gestalt gibt,
> so könnte sich ihre Zahl
> mit einem Geist der Liebe nicht vergleichen.«

Somit hat (der Buddha) gelehrt, dass dieses Verdienst wesentlich größer ist als das, welches durch umfassende Opfergaben in den Reinen Bereichen an die letztendlichen Objekte[27] erlangt wird.

Im »Sūtra über die Anordnung der Qualitäten im Buddhafeld des Ārya Mañjuśrī« wird erklärt:

> »In nordöstlicher Richtung, von der es heißt, dass sie von den tausend Weltbereichen des Buddha Maheśvara geziert ist, besitzen sogar die Lebewesen das gleiche Glück wie die Bhikṣus, die in der Beendigung (des Leidens) verweilen. Wenn man, statt sich dort Milliarden und Billiarden von Jahren einem reinen Lebenswandel hinzugeben, in diesem unserem Bereich einen liebevollen Geist zu allen Lebewesen entwickelt, und sei es auch nur für den kurzen Moment eines Fingerschnippens, so hat man wesentlich mehr Verdienst. Wenn das so ist, was sollte man über jemanden sagen, der Tag und Nacht (in liebevollem Geist) verweilt?«

Und im »Kostbaren Kranz von Ratschlägen für den König« heißt es:

> »Wenn man auch dreimal täglich
> aus dreihundert Töpfen Mahlzeiten verteilt,
> so lässt sich dieses Verdienst
> mit dem eines Augenblicks der Liebe nicht vergleichen.
>
> Götter und Menschen werden dich lieben,
> sie werden dich schützen,
> dein Geist wird glücklich sein, du wirst viel Schönes erfahren
> und weder Gift noch Waffen werden dir schaden.
>
> Mühelos wirst du das Ziel erreichen
> und könntest in der Brahmawelt geboren werden.
> Wenn du auch nicht befreit wirst,
> so erlangst du doch diese Acht Qualitäten des Liebe-Dharmas.«

Wenn du also Liebe (in dir) hast, werden Götter und Menschen liebevoll und sammeln sich von selbst (um dich); da auch der Buddha die Scharen der Māras[28] durch die Kraft der Liebe bezwungen hat, ist sie der höchste Schutz und anderes mehr.

Wo jedoch ist erklärt, dass man über Liebe in der Weise meditiert, dass man das Geben von Körper, von Besitz und das Geben der Wurzeln des Heilsamem (übt)? Im »Eintritt in das Leben zur Erleuchtung« werden im Hauptteil des Kapitels, das von der zeremoniellen Annahme des Bodhicitta handelt, die Vorstellungen im Zusammenhang mit Liebe und Mitgefühl dargestellt, nachdem das vorbereitende Ritual abgeschlossen wurde und bevor die eigentlichen Gelübde genommen werden. Dabei heißt es, dass man Körper, Besitz und die Wurzeln des Heilsamen gibt.

Im Folgenden wird die Methode dieses Gebens in Übereinstimmung mit den Lehren der Schriften allgemein erklärt.

Zur Notwendigkeit dieses Gebens: Körper, Besitz und die Wurzeln des Heilsamen werden gegeben, um die beiden Ansammlungen von Verdienst und Erkenntnis zu vervollkommnen.

Im »Eintritt in das Leben zur Erleuchtung« heißt es:

> »Meinen Körper und meinen Besitz
> und das Heilsame, das ich in den Drei Zeiten hervorgebracht habe –
> ohne Zögern werde ich es geben,
> um den Nutzen aller Lebewesen zu verwirklichen.«

(1) Das Geben des Körpers

Es ist allgemein nicht angebracht, den Körper in seiner unreinen Form als Fleisch, Blut usw. zu geben. Die Methode wird nun für diejenigen erklärt, die sich darum bemühen möchten. Wie also gibt man den Körper?

Im »Sūtra über die Baumstamm-Anordnung« heißt es:

> »Nachdem ich mich in einen wunscherfüllenden Körper verwandelt habe, der alle Lebewesen ernährt ...«

und im »Sūtra über die Widmung des Siegesbanners«:

> »So wie die vier großen Elemente alle Lebewesen auf verschiedene Arten, verschiedene Weisen und aufgrund verschiedener Zusammensetzung ernähren, genauso verwandelt sich auch der Körper von mir, dem Bodhisattva, in die Lebensgrundlage aller Lebewesen.«

Im »Eintritt in das Leben zur Erleuchtung« heißt es:

>»Um den Nutzen der Lebewesen zu verwirklichen,
verwandelt man ihn in einen wunscherfüllenden Körper«.

Entsprechend gibt man ihn in der Form dessen, was sich der jeweilige (Empfänger) wünscht.

Aus dem »Eintritt in das Leben zur Erleuchtung«:

>»Während der zwischenzeitlichen Hungerperioden
möge ich zu Essen und Trinken werden.
Möge ich für arme und hungrige Lebewesen zu all dem werden, was sie brauchen, und in ihrer Nähe sein.«

und:

>»Möge ich zu einem Beschützer werden für die Schutzlosen,
zu einem Wegführer für diejenigen auf dem Weg,
zu einem Boot, einem Floß, einer Brücke
für diejenigen, die (ein Gewässer) überqueren möchten.

Möge ich zu einer Insel werden für diejenigen, die nach einer Insel Ausschau halten,
zu einem Licht für diejenigen, die ein Licht wünschen,
zu einer Schlafmatte für diejenigen, die eine Schlafmatte brauchen.
Möge ich für die Wesen, die einen Diener brauchen, zu ihrer aller Diener werden.

Möge ich zu einem werden, der Vidyā[29] verwirklicht hat,
zur wunscherfüllenden Vase, zum wunscherfüllenden Baum;

möge ich beständig wie der Raum,
die Erde und die anderen großen Elemente
auf vielerlei Weise zur Lebensgrundlage werden
für die unermesslichen Lebewesen.

Bis sie alle den Zustand jenseits des Leidens erlangt haben,
möge ich in dieser Weise die Lebensquelle sein
für die Bereiche der Lebewesen in all ihren Formen,
die bis an die Grenzen des Raums reichen.«

Und in den »Hohen Bodhisattva-Ebenen« heißt es:

> »Nachdem die Bodhisattvas in die Einsamkeit gegangen und sich nach innen gesammelt haben, sollten sie ihre Einstellung reinigen und sich voller Hingabe im Herzen mit reinen Gedanken unermessliche und reichhaltige Dinge verschiedener Art vorstellen, die zum Geben geeignet sind, und die Gaben den Lebewesen übereignen. Damit werden die Bodhisattvas mit wenig Mühe ihre Ansammlungen grenzenlos vermehren. Das ist das Geben der Bodhisattvas, die große Weisheit besitzen.«

Beim Nachdenken darüber gibt es zwei Teile: die Gabe an den Inhalt und die Gabe an das Gefäß.[30]

(1.1) Die Gabe (des Körpers) an den Inhalt

Hierbei unterscheidet man, ob die Personen, denen man (den Körper) darbringt, in den Weg eingetreten sind oder nicht.

(1.1.1) Die Darbringung an Personen, die nicht in den Weg eingetreten sind

Man stellt sich vor, dass man den eigenen Körper an alle Lebewesen der Höllenbereiche gibt – an die der »Wiederbelebenden« und der anderen Acht heißen Höllen; an die der »Blasen-Besitzer« und der anderen Acht kalten Höllen; und an die der gelegentlichen und der umgebenden Höllen. So wie Eisen durch das alchemistische Elixier zu Gold verwandelt wird, erlangen sie dadurch alle einen kostbaren Menschenkörper, der die Sieben Qualitäten höherer Daseinsbereiche aufweist, reich an den Sieben Juwelen der Āryas.

Aus einem wunscherfüllenden Juwel gehen Speisen, Gewänder usw. ganz nach Wunsch hervor; in gleicher Weise haben wir unseren Körper zu einem wunscherfüllenden Körper gemacht und durch ihn sind für die gedachten Personen Speisen mit hunderterlei Geschmack, wertvolle Gewänder, Häuser mit fünfhundert Stockwerken und Freunde, mit denen sie ihre Wunschgebete teilen[31], in vollkommener Weise vorhanden. Man stellt sich vor, dass all diese Perfektion – ihre Körper, durch den sie Genuss haben können, der Reichtum, mit dessen Hilfe sie die Objekte genießen, und die Begleiter, mit denen zusammen sie sie genießen – zu einem günstigen Umstand dafür wird, dass sie den heiligen Dharma des Großen Fahrzeugs verwirklichen können.

Genauso stellt man sich vor, dass sie, als dem wichtigsten äußeren Umstand, von einem Lehrer des Großen Fahrzeugs, der die (nötigen) Charakteristika besitzt, freudig angenommen werden; dass die Schriften des Sūtra und Tantra als Basis für Hören und Nachdenken und die anderen äußeren Umstände ebenso (vorhanden sind) wie die inneren Umstände, also Vertrauen und die anderen Sieben Juwelen der Āryas sowie die kostbaren Drei Übungen: die Übung der Ethik usw.; kurz, dass Bodhicitta, dessen Wurzeln Liebe und Mitgefühl sind, in ihrem Bewusstseinsstrom entsteht; dass sie mit Hilfe der Praxis der Sechs Vollkommenheiten die Zwei Ansammlungen vollenden und dass sie alle, nachdem sie Buddhaschaft erlangt haben, in ihrem Bewusstseinsstrom das Glück des Dharmakāya besitzen.

In gleicher Weise stellt man sich vor, dass man seinen Körper allen Lebewesen gibt, die in den unendlichen, grenzenlosen Weltbereichen der Zehn Richtungen in den 36 Klassen der Hungergeister zusammengefasst werden. So wie zuvor erlangen sie dadurch Buddhaschaft und besitzen das Glück des Dharmakāya.

Dann stellt man sich das Gleiche für die Tiere in der Welt vor, für diejenigen in den Meeren genauso wie für diejenigen, die über das Land verstreut sind.

In gleicher Weise denkt man, dass man (seinen Körper) den menschlichen Wesen in den Weltbereichen der Zehn Richtungen gibt: Denjenigen auf den Vier Hauptkontinenten und den Acht Nebenkontinenten, die in die Acht ungünstigen Umstände geraten sind, und weiterhin an die, die in diesem Leben keine Anlagen haben, um den Weg zur Befreiung zu praktizieren. Die Vorstellungen sind die gleichen wie zuvor.

(Nun) gibt man den Körper an diejenigen Menschen, die in diesem Leben die Anlagen dazu haben, um den Weg zur Befreiung zu gehen; dadurch vervollständigen sich die äußeren Umstände und alle inneren Umstände ihres Denkens, die zur Verwirklichung des Weges (notwendig sind), und man stellt sich vor, dass sie das oben (beschriebene Ergebnis erlangen). Genauso denkt man, dass man jeweils einen vollständigen Körper an die Vier Dynastien der großen Könige und die anderen Sechs Klassen der Begierde-Götter gibt, an die Zwölf Klassen der Götter des Formbereichs, von der Brahma-Klasse angefangen bis hin zu denen des Großen Ergebnisses, und an die Lebewesen des Formlosen Bereichs, die in den Vier Phänomen-Bereichen der Formlosigkeit verweilen und nicht in den Weg zur Befreiung eingetreten sind. Sie erlangen dasselbe (Ergebnis) wie zuvor.

Man sollte sich auch in gleicher Weise vorstellen, dass man (den Körper) den Lebewesen im Zustand zwischen Tod und Wiedergeburt gibt.

– Die besondere Darbringungsweise für die, die einem Schaden zufügen –

Man stellt sich vor, dass aus dem eigenen Körper Speisen, Kleider, Wohnstätten und verschiedene andere äußere Hilfsmittel hervorgehen, und zieht alle schädlichen Lebewesen mit dem Haken des Bodhicitta zu diesen heran. Dann gibt man ihnen, indem man sich auf die Wahrheit[32] beruft und mit folgenden Gedanken das Bewusstsein für ihre Verwandtschaft und innere Nähe erzeugt: »Es ist so, dass ihr seit anfangloser Zeit zahllose Male meine Mütter wart. Zu diesen Gelegenheiten habt ihr mir jede Art von Nutzen gebracht, so weit es nur in eurer Macht stand. Ihr seid in der Tat gütige Wesen, die mich vor so vielem Schaden und Leid beschützt haben!«

Weiter denkt man: »Seit anfangloser Zeit habe ich euer Fleisch gegessen, euer Blut getrunken, eure Knochen genagt, eure Haut getragen, euch geschlagen, getötet, beraubt und vieles mehr. Weil ich dadurch in eurer Schuld stehe, ist es jetzt meine Aufgabe, euch Genugtuung zu verschaffen und eure Güte auszugleichen. Weil ihr dazu berechtigt seid, entstehen (aus meinem Körper) für diejenigen unter euch, die sich Speisen wünschen, Speisen; für diejenigen, die sich Kleider wünschen, Kleider; für diejenigen, die sich eine Wohnstätte wünschen, eine Wohnstätte; für diejenigen, die sich Freunde und Diener wünschen, Begleiter und Diener.« Bei den Speisen wiederum, (denkt man,) dass sie für die, die sie sich in Form der Drei Weißen Substanzen[33] wünschen, als die Drei Weißen Substanzen (entstehen); für diejenigen, die sie sich in Form der Drei Süßigkeiten[34] wünschen, als die Drei Süßigkeiten (entstehen); und für diejenigen, die sie sich in Form von Fleisch und Blut wünschen, in eben dieser Form:

> »Ohne Wenn und Aber – ihr, die ihr Fleisch wollt, esst das Fleisch; die ihr Blut wollt, trinkt das Blut; die ihr Knochen wollt, nagt die Knochen; die ihr Haut wollt, tragt die Haut. Wenn ihr es eilig habt, esst es roh; wenn ihr es nicht eilig habt, esst es gekocht!«

In dieser Weise gibt man ihnen reichhaltig.

Man denkt, dass durch dieses Geben und dadurch, dass es die Empfänger genießen, für den Augenblick[35] ihr Körper gesättigt und ihr Geist befriedigt ist; sie sind frei von den Leiden des Hungers, des Durstes und der Armut; alle bösen Absichten und unheilsamen Gedanken gelangen zur Ruhe; in ihrem Geist entsteht das Denken an den Nutzen anderer und Bodhicitta; die Zwei Ansammlungen werden vollendet: Damit besitzen sie in ihrem Geistesstrom das Glück des Dharmakāya.

Es heißt:

> »Das Ergebnis des Helfens ist Glück;
> das Ergebnis des Schädigens ist Leid.
> Nimm dich selbst als Beispiel
> und füge anderen kein Leid zu.«

Manchmal sollte man den Lebewesen nacheinander geben, indem man sie in diejenigen des Ostens und in diejenigen der anderen Richtungen und Nebenrichtungen unterteilt. Dabei denkt man, dass man allen Lebewesen, die in den Welten der östlichen Richtung so zahlreich zu finden sind wie die Sandkörner des Ganges, seinen Körper gibt und dass dadurch das gleiche geschieht wie zuvor. Genauso geht man bei den übrigen Richtungen und Nebenrichtungen vor.

(1.1.2) Die Darbringung (des Körpers) an Personen, die in den Weg eingetreten sind

Man stellt sich vor, dass man in der Form eines wunscherfüllenden Körpers seinen Körper Personen des Kleinen Fahrzeugs darbringt, aus dem hervorgeht, was auch immer sie sich wünschen. Dadurch erlangt jeder von ihnen äußerlich wie innerlich die vollständige Kombination von Ursachen und Umständen, durch die er befähigt wird, in seinem Leben den Rang eines erhabenen Buddha zu verwirklichen. Mit Hilfe ihrer Praxis vollenden sie die Zwei Ansammlungen und besitzen in ihrem Bewusstseinsstrom das Glück des Dharmakāya.

Für die großen Bodhisattvas, die sich auf den Pfaden der Ansammlung und der Vorbereitung sowie den Zehn Hohen Ebenen befinden, stellt man sich seinen Körper genauso vor und bringt ihn dar. Dadurch vollenden sie die Zwei Ansammlungen und besitzen in ihrem Bewusstseinsstrom das Glück des Dharmakāya.

Für die eigenen Lehrer, die Lehrer der Überlieferungslinie und die erhabenen Buddhas, die in all den grenzenlosen Weltbereichen der Zehn Richtungen verweilen, stellt man sich den Körper in der gleichen Weise vor und bringt ihn dar. Vor jedem von ihnen emaniert man viele Körper. Bei jedem dieser Körper wiederum bilden sich viele Arme und Hände. Im Bewusstsein der guten Qualitäten von Ursache und Wirkung[36] stellt man sich vor, dass man (mit diesen Körpern) Niederwerfungen macht und unermesslich viele Opfergaben darbringt, die dem wunscherfüllenden Körper entstammen. Dadurch entsteht in ihrem Bewusstseinsstrom makellose große Glückseligkeit.

Im »Eintritt in das Leben zur Erleuchtung« heißt es:

> »Mögen die Lebewesen vielmals
> allen Buddhas Opfergaben darbringen;
> durch die unermessliche Glückseligkeit der Buddhas
> mögen sie für immer Glück besitzen.
>
> Möge der Herzenswunsch der Bodhisattvas,
> der Nutzen der Lebewesen, in Erfüllung gehen.
> Mögen die Lebewesen mit all dem ausgestattet sein,
> was die Buddhas beabsichtigt haben.
>
> Mögen in gleicher Weise auch
> die Alleinverwirklicher und Hörer glücklich sein.«

Damit ist die Methode der Gabe (des Körpers) an den Inhalt erklärt.

(1.2) Die Gabe (des Körpers) an das Gefäß

Man gibt seinen eigenen Körper in der Form eines wunscherfüllenden Körpers dem (so genannten) Gefäß, das heißt, den Regionen all der grenzenlosen Weltbereiche der Zehn Richtungen. Dadurch verwandeln sich alle unreinen Aspekte der Gefäß-Welten, wie z. B. Baumstümpfe, Dornen, Lehmstaub, Kiesel, Schluchten, Abgründe usw. Alle Bereiche des Gefäßes werden zu reinen Ländern von höchster Vollkommenheit: von der Natur verschiedener Juwelen, flach wie ein Handteller, ausgedehnt, offen, weich und angenehm, makellos und strahlend, nach dem (besonders guten) Schlangenessenz-Sandelholz duftend, mit verschiedenen göttlichen Blumen übersät, von einem Juwelenzaun umsäumt, mit Gold-, Silber- und Perlensand bestreut. Von hoch gewachsenen, füllegeneigten Utpala-Blumen, Lilien und Lotossen bedeckt, werden sie geschmückt von Seen, Teichen und Quellen, deren (Wasser) die Acht Qualitäten aufweist und von verschiedenen Seevögeln geziert ist, die ihre angenehmen Stimmen ertönen lassen, fröhlich auffliegen und herumsegeln usw. Man denkt sich (diese reinen Welten) wie große Wolkenformationen von Opfergaben an die Scharen der Buddhas, Bodhisattvas und Āryas; für die darin enthaltenen Lebewesen wird der Genuss derartiger Vollkommenheit auch nicht einen Augenblick lang zur Ursache für Stolz, Selbstgefälligkeit oder Hochmut, sondern dient ausschließlich als guter Umstand für die Verwirklichung der Erleuchtung.

Es ist so, wie es im »Eintritt in das Leben zur Erleuchtung« heißt:

»Möge die Erde überall rein sein,
frei von Kieseln usw.,
flach wie eine Handfläche,
von der Natur des Aquamarin und weich.

Mögen alle Lebewesen ohne Unterlass
durch (den Gesang der) Vögel
und durch (das Rauschen) der Bäume,
durch alle Lichtstrahlen und aus dem Himmel
die Klänge des Dharma hören.«

(2) Das Geben des Besitzes:

Die Reihenfolge der Gabenempfänger wählt man genauso wie zuvor und emaniert die eigenen Reichtümer, Speisen, Kleider, Wohnstätten, Diener usw. in der Form wunscherfüllenden Reichtums, der ihre jeweiligen Bedürfnisse erfüllt. Indem man sie reichlich an die Empfänger verteilt und ihnen wie zuvor gibt, gelangt jeder Einzelne in den Genuss unermesslicher weltlicher und überweltlicher Reichtümer, die ausschließlich zur Kombination der Ursachen dafür werden, dass sie vollkommene Erleuchtung erlangen. Man stellt sich vor, dass sie zu Buddhas werden und in ihrem Bewusstseinsstrom das Glück des Dharmakāya besitzen.

Für die Lehrer und die erhabenen Buddhas bringt man (seinen Besitz) in der Form wunscherfüllenden Reichtums dar; dadurch entsteht in ihrem Bewusstseinsstrom makellose Glückseligkeit von besonderer Art; die Überlegungen dabei sind wie zuvor.

(3) Das Geben der Wurzeln des Heilsamen

Die Körper und die Besitztümer, die schon früher zugrunde gegangen sind, kann man nicht mehr geben; deshalb gibt man diejenigen der Gegenwart und diejenigen, die man in Zukunft haben wird. Im Gegensatz dazu kann man alle heilsamen Handlungen geben, die man in den Drei Zeiten angesammelt hat: Man ist in der Lage, die Samen oder Eindrücke des vergangenen Heilsamen zu geben, und was Gegenwart und Zukunft betrifft, sind alle heilsamen Handlungen bis hin zum Erlangen der Buddhaschaft für das Geben geeignet.

Im »Eintritt in das Leben zur Erleuchtung« heißt es:

>»Das Heilsame, bewirkt in den Drei Zeiten,
>werde ich ohne Bedauern geben,
>um den Nutzen aller Lebewesen zu verwirklichen.«

Und auch der Lehrer Nāgārjuna sagte:

>»Mögen durch dieses Heilsame alle Wesen
>die Ansammlungen von Verdienst und Weisheit vollenden
>und die beiden vortrefflichen Körper erlangen,
>die durch Verdienst und Weisheit entstehen.«

Im »Sūtra über die Fragen des Gaganagañja« heißt es:

>»Mögen unter den Wurzeln des Heilsamen, über die ich verfüge, keine sein, die nicht zum Lebensunterhalt aller Lebewesen werden.«

Alle diese Zitate sind Methoden, um die Wurzeln des Heilsamen zu geben; alle Wurzeln des Heilsamen – mit solchen von geringer Kraft wie der Gabe eines Gerstenmehlkügelchens an ein Tier oder auch nur von einzelnen, achtlos verrichteten heilsamen Handlungen angefangen bis hin zu solchen von großer Kraft wie dem Erzeugen des kostbaren Bodhicitta im Bewusstseinsstrom usw. –, sie alle gibt man jeweils vollständig den Empfängern in der oben erklärten Reihenfolge. Dadurch erlangen sie alle die vollständige Kombination von Ursachen und Umständen, durch die sie befähigt werden, in ihrem Leben die Buddhaschaft zu verwirklichen. Sie vollenden die Zwei Ansammlungen. Man stellt sich vor, dass sie Buddhas werden und in ihrem Bewusstseinsstrom das Glück des Dharmakāya besitzen.

Was aber ist der Nutzen einer Übung, die sich in dieser Weise gedanklich mit dem Geben beschäftigt? Wenn man jetzt die geistige Vorstellung des Gebens nicht übt, werden in Zukunft Hindernisse dabei auftreten, auch nur eine Kleinigkeit wirklich zu geben – so heißt es im »Sūtra über die Fragen des Subāhu«. Wenn man sich ab sofort in der Einstellung des Gebens übt und sich daran gewöhnt, wird diese Gewohnheit zu unserem Zustand. Deshalb wird man überhaupt keine Schwierigkeiten dabei haben, den Körper usw. wirklich zu geben.

Im »Sūtra über den König der meditativen Festigung« heißt es:

»Worüber sich ein Mensch viele Gedanken macht, dabei bleibt seine Denktätigkeit und dem neigt sich sein Geist entsprechend zu.«

Aśvaghoṣa hat gesagt:

»Auch wenn man keine Kraft hat, anderen Nutzen zu bringen, soll man immer diesen Gedanken pflegen.
Wer auch immer ihn hat,
für den wird (der Nutzen für andere) zur Wirklichkeit werden.«

Und der große Tschäkhawa:

»Je mehr man etwas schätzt, umso mehr übt es das Denken.
Dafür gibt es viele Beispiele wie die ›Sieben Besten‹[37] usw.«

In den »Jātaka-Erzählungen« heißt es:

»Wenn ich sie auch nur sehe, höre, mich an sie erinnere, sie berühre oder mit ihnen rede, möge es für die Lebewesen in allen Formen von Nutzen sein: Möge ich immer dafür sorgen, dass sie glücklich sind.«

Indem man auf diese Weise mit fester Gesinnung allen Lebewesen gibt, vollendet man auf angenehme Weise eine unermessliche Ansammlung

95

von Verdiensten gegenüber allen Lebewesen, die überhaupt existieren. Im »Kostbaren Kranz von Ratschlägen für den König« heißt es:

> »Wenn die Verdienste einer solchen Rede
> Form annehmen könnten,
> würden sie alle Bereiche des Raums füllen
> und noch mehr als das.
>
> Das hat der erhabene Buddha gelehrt.
> Auch logische Argumente haben es gezeigt:
> Den grenzenlosen Bereichen der Lebewesen
> Nutzen zu wünschen ist ebenso (grenzenlos).«

Wenn man zu der Zeit, da man Essen, Kleider usw. genießt, die man mit fester Gesinnung den Lebewesen gegeben hat, den Gedanken an den Nutzen der anderen vergisst und es voller Anhaftung für sich selbst genießt, ist es ein Vergehen mit Leidenschaften; wenn man keine Anhaftung für sich selbst hat, aber den Gedanken an den Nutzen der Lebewesen vergisst, wird das als ein Vergehen ohne Leidenschaften gelehrt. Und im »Kompendium der Übungen« heißt es, dass es einen Bruch[38] der Gelübde zur individuellen Befreiung darstellt, wenn man etwas von gewissem Wert mit diebischer Absicht zum eigenen Nutzen genießt, nachdem man es anderen gewidmet hatte und es einige Menschen im Wissen darum bewusst zu ihrem Eigentum gemacht hatten.

Aber wie sollte dann ein Bodhisattva handeln, wenn er solche Dinge genießt? Wenn er es im Gedanken: »Ich werde den Nutzen der Lebewesen bewirken« genießt, ist es kein Fehler.

Im »Kompendium der Übungen« heißt es:

> »Es ist kein Fehler, wenn man etwas in dem Gedanken genießt: ›Mit den Besitztümern, die einen Herrn haben, wird der Körper erhalten, der einen Herrn hat.‹ Es ist der Lebensunterhalt des Dieners, der immer im Dienst seines Herrn tätig ist, es sind nicht seine eigenen Dinge.«

Man könnte nun einwenden: Es ist doch unsinnig, wenn man in dieser Weise zwar anderen in Gedanken etwas widmet, es jedoch in der Ausführung selbst genießt! Aber so ist es nicht, denn im gleichen Text heißt es:

»Angesichts eines Bodhisattva, der so handelt, verlieren einige das Vertrauen, weil sie es nicht verstehen. Das ist nicht richtig, denn er weiß, dass der Gedanke des Gebens große Wunderkraft besitzt. Es ist nicht richtig, dass einige daran zweifeln.«

• **Die Meditation des Mitgefühls**

Die Freude an der Meditation über das große Mitgefühl wächst kraftvoll an, wenn man sehr viel über ihre Vorteile nachdenkt. Deshalb werde ich über sie sprechen. Es heißt dazu im »Eintritt in den Mittleren Weg«:

»Weil das Mitgefühl wie der Same
für die vollkommene Ernte der Buddhas ist,
wie das Wasser, das ihn zum Wachsen bringt,
und dort, wo der Genuss für lange Zeit besteht, wie die Reife,
werde ich zuerst das Mitgefühl preisen.«

Aus dem Verständnis dieses Sachverhalts heraus heißt es auch im »Sūtra über die perfekte Zusammenfassung der Lehren«:

»Erhabener, die Bodhisattvas üben sich nicht in vielen Dharmas. Erhabener, wenn sich die Bodhisattvas an ein Dharma halten und es vervollkommnen, haben sie alle Dharmas der Buddhas in der Hand. Was ist dieses einzige Dharma? Es ist das große Mitgefühl. Erhabener, dort, wo das kostbare Rad des Weltenherrschers ist, sind alle Heerscharen. Wie in diesem Beispiel, Erhabener, sind alle Dharmas der Buddhas dort, wo das große Mitgefühl der Bodhisattvas ist. Erhabener, dorthin, wo die Lebenskraft ist, kommen auch die anderen Kräfte. Wie in diesem Beispiel, Erhabener, entstehen dort, wo das große Mitgefühl der Bodhisattvas ist, alle anderen Dharmas der Buddhas.«

Bei der Art und Weise des Nachdenkens (über das Mitgefühl) gibt es zwei Teile: Das Nehmen aus dem Inhalt und das Nehmen aus dem Gefäß.

(1) Das Nehmen aus dem Inhalt

---

7. BEGINNE DAS NEHMEN MIT DIR SELBST.

Man übt das Mitgefühl ein, indem man das Leiden der Lebewesen samt dessen Ursachen auf sich selbst nimmt.

Dabei sind die Stufen des Nehmens wie folgt: Man denkt, dass man alle Ursachen des Leidens, d. h. Karma und Leidenschaften, und die Leiden, die man ab dem nächsten Leben in den Fünf bzw. Sechs Daseinsklassen im eigenen Bewusstseinsstrom erfahren würde, als schwarze Haufen so wie abgeschorene Haare in die Skandhas, die man in diesem Leben angenommen hat, hineinnimmt. Dadurch ist man ab dem nächsten Leben frei von ausnahmslos allen Leiden und den Ursachen dafür.

Genauso verfährt man bei all den Leiden, die einem ab dem nächsten Jahr für den Rest des Lebens bevorstehen: Man denkt, dass man sie in die Skandhas, die man dieses Jahr angenommen hat, hineinnimmt und dass man ab dem nächsten Jahr von ausnahmslos allen Leiden frei sein wird.

In gleicher Weise denkt man, dass man alle Leiden und die Ursachen dafür, die einem ab dem nächsten Monat und dem nächsten Tag bevorstehen, in die Skandhas, die man heute angenommen hat, hineinnimmt. Dadurch wird man ab morgen von ausnahmslos allen Leiden und den Ursachen dafür frei sein.

Wenn man nun alle Leiden von anderen annimmt, soll man sie nicht anderswo in Erscheinung treten lassen oder irgendwo nahe bei sich ablegen; da man das Nehmen übt, um die Selbstsucht auszumerzen, soll man sie in das eigene Herz nehmen.

(Die Reihenfolge) ist wie oben bei der Meditation der Liebe beschrieben: Man nimmt von den Höllenwesen alle Leiden und ihre Ursachen als schwarze Haufen so wie abgeschorene Haare in das eigene Herz. Sie sammeln sich auf der Selbstsucht, reifen heran, bezwingen und vernichten sie.

Man denkt, dass die Höllenwesen von ausnahmslos allen ihren Leiden und den Ursachen dafür frei geworden sind.

Genauso bei den Hungergeistern, die es in den Weltbereichen der Zehn Richtungen gibt, bei den Tieren, bei den Menschen der Vier Hauptkontinente und der Acht Nebenkontinente, bei den Vier Dynastien der großen Könige und den anderen der Sechs Klassen der Begierde-Götter, bei den Lebewesen der Zwölf Klassen der Götter des Formbereichs der Brahmaklasse bis hin zu den Göttern des Großen Ergebnisses und bei den Lebewesen der Vier Phänomen-Bereiche der Formlosigkeit:

So wie zuvor denkt man, dass man all ihre Leiden und die Ursachen dafür wie abgeschorene Haare in das eigene Herz nimmt. Sie sammeln sich auf der Selbstsucht, reifen heran, bezwingen und vernichten sie. Man denkt, dass diese Lebewesen von ausnahmslos allen ihren Leiden und den Ursachen dafür frei geworden sind.

Genauso nimmt man von den Wesen des Bardo ihre Leiden und die Ursachen dafür an und stellt sich dabei das Gleiche vor.

Kurzum, man sollte sich die Ursachen des Leidens, d. h. Karma und Leidenschaften, sowie die allgemeinen und speziellen Leiden der Lebewesen, die durch die Vier Arten der Geburt bezeichnet sind, einzeln vorstellen und sie unterscheiden; es ist sehr wichtig, jedes (dieser Leiden) anzunehmen und zu denken, dass (die betreffenden Lebewesen) frei davon geworden sind.

Von denen, die in den Weg eingetreten sind, haben auch alle Hörer und Alleinverwirklicher, die sich auf den Fünf Pfaden befinden, sowie Personen im Großen Fahrzeug bis einschließlich des Pfades der Meditation noch einige wenige Leiden und Ursachen für (Leiden), die sie überwinden müssen. Sie soll man in der gleichen Weise annehmen wie zuvor.

Im Bewusstseinsstrom der Buddhas gibt es nichts (Leidvolles), was man (von ihnen) nehmen könnte, und da gelehrt wird, dass man den Lehrer als vom Wesen der Buddhas betrachten soll, gilt für ihn dasselbe.

(2) Das Nehmen aus dem Gefäß

Man denkt, dass sich all die unreinen Weltbereiche der Zehn Richtungen, die durch die Kraft des Karma und der Leidenschaften entstanden sind, zu ausschließlich reinen Weltbereichen verwandeln.

Diese Unterweisung, Liebe und Mitgefühl zu üben, indem man so alle Leiden auf sich nimmt und alles Glück, alles Heilsame den anderen gibt, hat Shawopa als den Dharma bezeichnet, der die Geister austreibt. Wo ist diese Übungsweise erklärt?

In der »Lebensgeschichte des Manibhadra« aus dem »Buddhāvataṃsaka-Sūtra« heißt es:

> »Ich stelle mir vor,
> dass die Leiden der Lebewesen auf mich übergehen;
> ich selbst verwandle mich in einen Körper,
> der alle Lebewesen nährt.«

Im »Wunschgebet des höchsten Verhaltens« heißt es:

»Mögen all die geballten Leiden der Wesen,
die der Höllenwesen, der Tiere und Hungergeister,
der menschlichen Bereiche, der Götter, der Halbgötter usw.,
auf mich niedergehen; mögen die Wesen glücklich sein.«

Und auch im »Wunschgebet über das Geben höchster Liebe« heißt es:

»Bis hinauf zur Spitze der Existenzenwelt,
bis hinunter zur Avīci-Hölle,
in all den unzählbaren Welten
mögen die Scharen der Götter, Halbgötter und Mahoragas[39]
glücklich werden; möge ich ihr Leiden nehmen.«

Der Lehrer Nāgārjuna hat gesagt:

»Mögen ihre unheilsamen Handlungen
bei mir zur Reife gelangen;
mögen meine heilsamen Handlungen ausnahmslos
bei ihnen zur Reife gelangen.«

Und ebenso Śāntideva:

»Setze dich mit anderen gleich
und tausche dein (Wohl) gegen das der anderen.«

Weiterhin:

»Nachdem ich verstanden habe, dass das Ich mit Fehlern behaftet ist
und in anderen ein Ozean von guten Qualitäten liegt,
werde ich die Selbstsucht ganz aufgeben
und es zu meiner Gewohnheit machen, andere anzunehmen.«

Und:

»Wer sich selbst und die anderen
rasch zu schützen wünscht,
sollte sich selbst und andere gleichsetzen
sowie das eigene (Wohl) gegen das der anderen austauschen
und es unter dem Siegel der Geheimhaltung tun.«

Und:

>>Wenn man das eigene Glück und das Leiden der anderen
nicht wirklich austauscht,
wird man die Buddhaschaft nicht erlangen
und sogar im Daseinskreislauf nicht glücklich sein.<<

Und:

>>Deswegen, um Schaden für mich selbst abzuwenden
und das Leiden der anderen zur Ruhe zu bringen,
werde ich mich den anderen geben
und die anderen schützen wie mich selbst.<<

Und:

>>Was auch immer die Leiden der Lebewesen sein mögen,
sie sollen alle bei mir zur Reife kommen.<<

Im >>Schmuck der Mahāyāna-Sūtras<< heißt es:

>>Ein Bewusstsein, das sich selbst mit anderen gleichsetzt,
oder das andere mehr schätzt und liebt als sich selbst –
nachdem (der Buddha) das gefunden hatte, lehrte er,
dass in dieser Weise der Nutzen anderer besser ist als der eigene.<<

Im >>Wunschgebet in siebzig Versen<< heißt es:

>>Was die Wesen, verwirrt durch das Gift der Leidenschaften,
auch an geringfügigen unheilsamen Handlungen mit sich tragen,
es wäre besser, wenn ich dadurch
in irgendeinen der Höllenbereiche fiele;

was auch immer das Leiden der Wesen ist,
das alles nehme ich bereitwillig an.
Befriedigt durch höchstes Glück,
mögen die Wesen der Welt sich stets dem Heilsamen widmen.<<

In der >>Speziellen Verssammlung<< heißt es:

>>Den eigenen Körper und das Leben
werde ich allen Wesen geben.

Sie alle werde ich
mit Liebe und Mitgefühl umfassen.

Die vollständige Reifung aller unheilsamen Handlungen
wünsche ich mir ernstlich für den eigenen Bewusstseinsstrom.
Über alle heilsamen Handlungen freue ich mich,
und ich denke an den Buddha, das große Wesen.«

und:

>Den eigenen Körper und das Leben
werde ich mit Freuden geben.«

und:

»Indem sämtliche unheilsamen Handlungen aller Wesen
bei mir zur Reife gelangen,
nehme ich in dieser Weise ihre unheilsamen Handlungen an
und akzeptiere die Leiden aus dem Elend der Lebewesen.«

und:

>Betrachte alle anderen als dir zugehörig;
und deinen Körper – übereigne ihn den anderen.«

Aus dem regelmäßigen Bekenntnis des Saṃvara-Rituals:

»Mögen die Leiden aller Lebewesen bei mir zur Reife gelangen;
mögen sie mit Hilfe meiner heilsamen Handlungen
alle glücklich werden.
In allen meinen Lebenszeiten
möge ich durch jedes meiner Drei Tore sein
wie eine wunscherfüllende Vase,
ein wunscherfüllender Baum usw.«

Entsprechende Unterweisungen finden sich in den meisten Texten des Großen Fahrzeugs, sowohl in den Lehrreden des Buddha als auch in den Kommentaren.

Man könnte nun einwenden: Gibt es nicht auch Personen, die mit Sicherheit endgültig zur Familie der Hörer oder Alleinverwirklicher gehören? Wie könnte es dann richtig sein, dass alle Lebewesen Buddhas werden?

Die Darstellung (der Lehre) als Drei Fahrzeuge ist eine Bedeutung, die durch vorübergehende Zwecke bedingt und zu interpretieren ist; von der endgültigen, absoluten Bedeutung her betrachtet ist es sicher, dass sie nur ein Fahrzeug sind. In der »Aufzählung der Namen des Mañjuśrī« heißt es:

»Sie entwickeln den Wunsch nach Befreiung
den Drei Fahrzeugen entsprechend,
aber verbleiben im Ergebnis eines Fahrzeugs.«

Quellen dieser Art gibt es im Großen Fahrzeug viele.

Wenn man auf diese Weise ein wenig geübt ist, gibt es die Methode, Geben und Nehmen gemeinsam kurz zusammengefasst zu praktizieren:

8. LASS DIESE BEIDEN AUF DEM ATEM REITEN.

Während man Geben und Nehmen übt, denkt man, dass man zu der Zeit, da der eigene Atem durch die Nasenlöcher nach außen strömt, seinen Körper, seinen Besitz und seine Wurzeln des Heilsamen der Drei Zeiten allen Lebewesen bis an die Grenzen des Raums gibt. Dadurch gelangen sie alle in den Besitz des endgültigen, makellosen Glücks.

Zu der Zeit, in dem der Atem nach innen strömt, denkt man, dass man von allen Lebewesen der Drei Existenzbereiche sämtliche Leiden und deren Ursachen in das eigene Herz nimmt; dadurch sind sie sämtlich frei von ausnahmslos allen Leiden.

Wenn man so übt, bewegen sich Atem (Wind) und Bewusstsein gemeinsam. Deshalb wird der Geist ohne Ablenkung mit Achtsamkeit und Bewusstheit ausgestattet und kraftvoller sein.

• Die Übung nach der Meditation und in den Pausen

9. DREI OBJEKTE, DREI GIFTE, DREI WURZELN DES HEILSAMEN. ES IST DIE KURZE ZUSAMMENFASSUNG DER UNTERWEISUNGEN FÜR DIE PRAXIS NACH DER SITZUNG. ÜBE DICH IN ALLEM, WAS DU TUST, MIT WORTEN.

Zu der Zeit, da in Form der Objekte der Sechs Sinneskräfte aus den sechs angenehmen, unangenehmen und neutralen Objekten die Drei Geistesgifte entstehen, soll man mit fester Gesinnung üben, indem man denkt:

»In den Weltbereichen gibt es viele, die unter den Einfluss solcher Leidenschaften geraten sind. Mögen diese meine Leidenschaften als Ersatz für die von allen anderen dienen und die Lebewesen dadurch in den Besitz von Wurzeln des Heilsamen gelangen, die von den Drei Geistesgiften frei sind.«

Man sollte bei allen Aktivitäten – gehend, schlendernd, liegend oder sitzend – und zu allen Zeiten – Tag wie Nacht – üben.

Entsprechend heißt es in den »Stufen der Meditation«:

>»Gleichgültig, ob gehend oder stehend, in allen Aktivitäten und zu allen Zeiten übe das große Mitgefühl zu allen Lebewesen.«

Es ist gut, solche Gedanken mit dem Rezitieren von Versen zu begleiten:

>»Mögen ihre unheilsamen Handlungen bei mir zur Reife gelangen; mögen meine heilsamen Handlungen ausnahmslos bei ihnen zur Reife gelangen.«[40]

>»Mögen die Leiden aller Lebewesen bei mir zur Reife gelangen; mögen sie mit Hilfe meiner heilsamen Handlungen alle glücklich werden.«[41]

>»Was auch immer die Leiden der Lebewesen sein mögen, sie sollen alle bei mir zur Reife kommen.«[42]

>»Mögen durch all die heilsamen Handlungen der Bodhisattvas die Lebewesen in den Genuss des Glücks gelangen.«

Das muss mit großer innerer Festigkeit geübt werden.

Der große Sharawa hat gesagt:

>»Was das Üben dieser meiner Unterweisungen betrifft: So auf und ab wie bei den Querbalken über einer Rennstrecke funktioniert es nicht. Aus Gewohnheit, so wie man einen Steinrutsch auslöst, besteht keine Hoffnung. So lauwarm wie warmes Pfützenwasser wird es nichts.
>
>Es gibt ein Sprichwort: ›Wenn es weiß ist, ist es Joghurt, wenn es rot ist, ist es Blut‹ – wenn man sich dementsprechend mit fester Gesinnung bemüht, ist es so, wie der Esel die Schafherde (von selbst) ver-

lässt: Man wird von allem Schaden und Leid befreit. Wenn man jedoch nach jeder Bewegung von Zögern erfüllt ist – ist es richtig oder nicht, kann ich es oder nicht, soll ich es tun oder nicht – , wird nichts daraus.«

Die Methode des Austauschens zwischen sich selbst und den anderen dient als Ersatz für die ersten drei Punkte der Siebenfachen Unterweisung von Ursache und Wirkung, d. h. für das Erkennen als Mütter usw. In der Übung von Liebe und Mitgefühl mittels Geben und Nehmen ist die Außergewöhnliche Geisteshaltung[43] von Natur aus enthalten; deshalb wird sie nicht gesondert dargestellt.

(II) Die Übung des Bodhicitta unter dem Aspekt, Erleuchtung anzustreben

Wenn man auf diese Weise Liebe und Mitgefühl übt, wo aber ist (dann) die Fähigkeit, dadurch tatsächlich Entsprechendes zu bewirken? Wenn auch so große Wesen wie die Hörer- und Alleinverwirklicher-Arhats und die großen Bodhisattvas der zehnten Hohen Ebene über unermessliche Aktivitäten zum Wohl anderer verfügen, so ist doch allein ein Buddha in der Lage, solange der Daseinskreislauf existiert, spontan und ununterbrochen unzählige Lebewesen mit Hilfe einer einzigen Dharma-Belehrung oder dem Aussenden eines einzigen Lichtstrahls in den Zustand jenseits des Leidens (Nirvāṇa) zu versetzen.

Und nicht nur das: Allein ein Buddha hat das, was aufzugeben und das, was zu erkennen ist – den eigenen Nutzen[44] –, vervollkommnet. Deshalb soll man sich in dem Gedanken üben: »Ich werde zum Wohle aller Lebewesen die Buddhaschaft erlangen, in der die beiden Arten von Nutzen vollkommen sind.«

Über die Vorteile einer solchen Übung des Bodhicitta heißt es im »Sūtra über die Fragen des Viradatta«:

»Wenn die Verdienste des Bodhicitta
Form annehmen könnten,
würden sie alle Bereiche des Raums füllen
und noch mehr als das.

Würde jemand die Buddhabereiche,
so zahlreich wie die Sandkörner des Ganges,

mit allen Arten von Juwelen gänzlich füllen
und sie dem Schutzherrn der Welt darbringen –

und würde jemand mit gefalteten Händen
dem Bodhicitta Respekt erweisen,
so ist diese Opfergabe wesentlich wertvoller;
sie wäre grenzenlos.«

Im »Kompendium der Übungen« wird entsprechend erklärt:

»Das wünschende Bodhicitta entsteht, wenn man im Geist den Entschluss fasst: ›Ich werde so handeln, dass ich zu einem Buddha werde.‹«

Zusätzliche Unterweisungen

Hier gibt es fünf Abschnitte: das Verwandeln widriger Umstände in den Erleuchtungsweg; die Lehre, wie man alles zur Praxis eines Lebens verbindet; Maßstäbe dafür, ob der Geist geübt ist; die Verpflichtungen des Geistestrainings; die Übungen des Geistestrainings.

[PUNKT 3]

(I) Das Verwandeln widriger Umstände in den Erleuchtungsweg

Das wird erst kurz, dann ausführlich erklärt.

Die kurze Erklärung

---

10. ZU ZEITEN, DA GEFÄSS UND INHALT AN UNHEILSAMEM ÜBERKOCHEN, VERWANDLE WIDRIGE UMSTÄNDE IN DEN ERLEUCHTUNGSWEG.

Die Ergebnisse der Zehn unheilsamen Handlungen herrschen in den Welten des Gefäßes[45] vor und sind sehr weit verbreitet; die Lebewesen, die den Inhalt ausmachen, haben außer den Leidenschaften nichts zu denken und außer dem Ansammeln von schlechtem Karma nichts zu tun. Deshalb wachsen Kraft und Stärke der Götter, Nāgas und Elementargeister, die an Unheilsamem Freude haben. Deshalb gibt es im Allgemeinen viele Störungen und Probleme für alle Dharma-Praktizierenden und im Besonderen auf verschiedene Weise Verstrickungen von schlechten Umständen für diejenigen, die durch das Tor der Lehre des Großen Fahrzeugs getreten sind.

Tritt man zu dieser Zeit in ein Dharma wie dieses ein, lernt man, wie sich widrige in förderliche Umstände verwandeln lassen, wie sich Hindernisse zur Unterstützung einsetzen und wie sich sogar Schadensstifter als Lehrer betrachten lassen. Übt man das, dann erscheinen schlechte Umstände als Helfer für die Verwirklichung der Erleuchtung.

Geshe Tschengawa hat zu Shawopa gesagt:

>Es ist wunderbar, wie dir im Geistestraining schlechte Umstände als Helfer erscheinen und du Leiden als Glück erfährst.«

Die ausführliche Erklärung

Bei der ausführlichen Erklärung gibt es zwei Teile: Wie man schlechte Umstände als Weg benützt, indem man sich auf die besondere Denkweise des Bodhicitta stützt; und wie man schlechte Umstände als Weg benützt, indem man sich auf die besonderen Handlungen der Ansammlung und Reinigung stützt.

• **Die Verwandlung schlechter Umstände mit Hilfe des Bodhicitta**

---

11. WAS DIR AUCH IM MOMENT BEGEGNET, BRINGE ES MIT DER MEDITATION IN VERBINDUNG.

Mögen nun die Zeiten von Glück und Reichtum oder von Leid und Armut geprägt sein; mögen wir nun im eigenen Land oder in der Fremde sein, im Dorf oder im Kloster wohnen, in der Begleitung menschlicher oder nichtmenschlicher Freunde – in allen Situationen sollten wir denken, wenn zum Beispiel Körper oder Geist von großen, mittleren oder kleinen Leiden befallen werden: »Was auch immer geschieht, es kommt nicht so sehr darauf an; denn in den grenzenlosen Weltbereichen gibt es innerhalb der Arten der Lebewesen viele, die ein solches Leiden befallen hat. Möge meines hier als Ersatz für das Leiden von ihnen allen dienen; mögen sie damit ausnahmslos frei von Leiden sein. Es ist gut, dass sich jetzt für mich das Ziel der Übung des Mitfühls verwirklicht hat, indem ich ihr Leid annehmen kann.« Dabei sollte man mit fester Gesinnung Glück empfinden und sich freuen.

Oder wenn man zum Beispiel Glück und Wohlstand genießt: »Ich leide keinen Mangel an äußeren Umständen und habe Nahrung, Kleidung, Wohnung, Freunde, einen Lehrer usw. Was die inneren Umstände angeht, so leide ich an keinem vorübergehenden Unwohlsein durch irgendeine Krankheit und mein Vertrauen usw. erlauben mir, mich auf den Dharma zu konzentrieren. Während das bei mir so ist, haben wir allgemein eine schlechte Zeit, in der die Buddhalehre degeneriert. Die Tatsache, dass ich in einem solchen Moment frei von Hindernissen für die Praxis der Lehren des Großen Fahrzeugs bin und über die äußeren und inneren förderlichen Umstände in guter Weise verfüge, ist das Ergebnis davon, dass ich früher auf vielerlei Arten Verdienste gesammelt habe. Das ist sicher.« Und nachdem man diese Gewissheit erlangt hat: »Die Ursache dafür, dass mir vom nächsten Leben an solche guten Bedingungen ohne Unterlass zukommen, sind die Ansammlungen mit ihrer Basis der völlig reinen Ethik. Ich werde mich um die Methoden bemühen, sie zu sammeln.«

Ohne diese Überlegungen könnte es passieren, dass für einige Personen, wenn sie ein wenig der guten Bedingungen haben, dies zur Ursache für Stolz, Selbstgefälligkeit und Hochmut wird. Das gibt es oft. Und wenn sie ein wenig Leid in Körper oder Geist erfahren, wird es zur Ursache für Minderwertigkeitsgefühle, Verzweiflung, Kraftlosigkeit und Lustlosigkeit. Das gibt es oft. So sollte man es nicht machen, sondern es gilt: Wenn man glücklich ist, ist das Glück nicht so wichtig; und wenn man leidet, ist das Leiden nicht so wichtig – das ist es, was gelehrt wird.

- **Die Verwandlung schlechter Umstände mit Hilfe von Ansammlung und Reinigung**

12. DIE AUSSTATTUNG MIT DEN VIER VORGEHENSWEISEN IST DIE BESTE METHODE.

(1) Das Sammeln der Ansammlung (von Verdienst)

Wenn man sich kein Leiden, sondern Glück wünscht, kommt es weniger darauf an, ob man höheren und niedrigeren Empfängern kleinere, mittlere oder große Dinge (darbringt); in Gedanken soll man es gemeinsam mit allen Lebewesen tun und durch die Kraft der Sehnsucht in eine Ursache für die unübertreffliche Erleuchtung verwandeln.

Dem Wunschgebet des Gompa Logbar entsprechend soll man Bittgebete aussprechen:

»Gleichgültig ob Glück oder Leid, Gutes oder Schlechtes,
wenn es mir Nutzen bringt,
bitte sorgt dafür, dass es für mich so wird.«

(2) Die Reinigung unheilsamer Handlungen

Wieder und wieder soll man sich bemühen, die Vergehen, die aufgrund von Gelübden oder aus sich heraus unheilsam sind, und die man unter dem Einfluss der Leidenschaften von anfangloser Zeit bis jetzt begangen hat oder hat begehen lassen, mit Hilfe der Vier Kräfte zu bekennen.

(3) Die Opferung an Dämonen

Man wendet die gleichen Vorstellungen an, die zuvor in dem Kapitel erklärt wurden, in dem es um das Nachdenken über die große Güte der Schadensstifter ging, und übt damit Liebe, Mitgefühl und Geduld.

(4) Die Darbringung von Tormas an die Schützer der Lehre, gefolgt von der Bitte um Aktivitäten

Je nach Verfügbarkeit stellt man saubere Opfergaben und Tormas[46] auf und denkt sie sich als sehr gut und umfassend. Man lädt die Schützer der Lehre und die Schutzgottheiten ein und richtet Bittgebete an sie. Nachdem man die Darbringungen dem Ritual entsprechend durchgeführt hat, soll man mit fester Gesinnung bitten: »So wie die Heiligen, die früheren Lehrer, die Buddhas und Bodhisattvas schlechte Umstände zum Erleuchtungsweg gemacht haben, möge auch ich fähig sein, sie zum Weg zu machen. So wie das kostbare Bodhicitta in der allgemeinen Textüberlieferung des Großen Fahrzeugs beschrieben ist und so wie es im Bewusstseinsstrom der Heiligen, der früheren Lehrer entstanden ist, möge es auch in meinem Bewusstseinsstrom entstehen, beständig sein und sich immer höher entwickeln. Möge ich dadurch den Lebewesen mit Körper, Rede und Geist Nutzen bringen, wenn ich sie sehe, höre, an sie denke oder sie berühre. Bitte richtet eure Aktivitäten auf (die Erfüllung dieser Wünsche).«

(II) Die Lehre, wie man alles zur Praxis eines Lebens verbindet

---

13. ÜBE DICH IN DEN FÜNF KRÄFTEN.

Die Kraft des Entschlusses

Man denkt: »Allgemein von jetzt an bis ich die Erleuchtung erlangt habe, aber insbesondere in dieser Lebenszeit bis zu meinem Tod und dabei vor allem in diesem Jahr, in diesem Monat und ganz besonders am heutigen Tag werde ich dafür sorgen, dass die Leidenschaften und Nebenleidenschaften, die von der Selbstsucht verursacht werden, keine Gelegenheit finden (in Erscheinung zu treten). Ich werde dafür sorgen, dass meine körperlichen und sprachlichen Handlungen nicht einmal einen Augenblick lang unter ihre Gewalt geraten.« Das fasst man als starken Entschluss.

Genauso: »Solange ich die unübertreffliche Erleuchtung nicht erlangt habe ..., ganz besonders aber am heutigen Tag werde ich mich im Bodhicitta üben. Ich werde dafür sorgen, dass ich niemals von Bodhicitta getrennt bin.«

Wenn die Entschlusskraft, die mit diesen Gedanken verbunden ist, stark ist, wird man von Bodhicitta ungetrennt sein.

Denn im »Sūtra über den König der meditativen Festigung« heißt es:

> »Worüber sich ein Mensch viele Gedanken macht, dabei bleibt seine Denktätigkeit und dem neigt sich sein Geist entsprechend zu.«

Die Kraft der weißen Samen

Man soll sich um die Ansammlungen von Verdienst und Erkenntnis bemühen, die sich aus Geben, Ethik und Meditation bilden. Denn sie sind die Ursache dafür, dass das kostbare Bodhicitta, wenn es noch nicht entstanden ist, entsteht; dass es, wenn es entstanden ist, Bestand hat; und dass es, wenn es Bestand hat, weiter anwächst.

Die Kraft der Abkehr

So wie zuvor im Kapitel über das Austauschen zwischen dem eigenen (Wohl) und dem der anderen erklärt, bemüht man sich darum, die Fehler des Ichdenkens und der dadurch verursachten Selbstsucht, des Vernachlässigens der anderen und der übrigen Leidenschaften zu verstehen und sich dann von ihnen abzukehren und sie zu überwinden.

Im »Eintritt in das Leben zur Erleuchtung« heißt es:

> »Selbst wenn ich verbrannt und ermordet
> oder mein Kopf abgeschnitten werden sollte,
> ist es weniger schwerwiegend;
> niemals werde ich mich vor dem Feind der Leidenschaften
> in irgendeiner Form beugen.«

So sollte man üben.

Die Kraft der Wunschgebete

»Durch die Kraft aller Wurzeln des Heilsamen, die allgemein innerhalb von Daseinskreislauf und Nirvāṇa (zu finden sind), im Besonderen jedoch durch die Wurzeln des Heilsamen, die ich selbst in Verbindung mit den Drei Zeiten durch die Drei Tore gesammelt habe, möge allgemein im Bewusstseinsstrom von allen Lebewesen, besonders aber in meinem eigenen das kostbare Bodhicitta, wenn es noch nicht entstanden ist, entstehen; möge es, wenn es entstanden ist, Bestand haben; und wenn es Bestand hat, möge es immer mehr anwachsen.«
   Durch diese und ähnliche weitgefassten Wunschgebete sollte man die Zügel in die Hand nehmen.

Die Kraft der Gewöhnung

So wie es oben im Kapitel über die Meditationsvorstellungen des Hauptteils erklärt wurde, sollte man zu allen Zeiten und zu allen Gelegenheiten nur diesen einen Punkt einüben.

Im »Eintritt in das Leben zur Erleuchtung« heißt es:

> »Die Kindischen handeln zum eigenen Nutzen,
> die Buddhas handeln zum Nutzen der anderen.
> Betrachtet den Unterschied zwischen diesen beiden.«

Weiter heißt es, dass man höchste Vervollkommnung erlangt, wenn man übt, sich vom Hilfsmittel der Gewöhnung nicht zu trennen:

111

»Es gibt nirgends etwas, das mit der Gewöhnung nicht leichter würde.«

Der große Tschäkhawa hat gesagt:

»In diesem mit Fehlern behafteten Geist gibt es eine große Qualität: Wie man ihn übt, so wird er.«

– Die Fünf Kräfte zum Todeszeitpunkt –

Wenn man diese Unterweisungen zu den fünf Kräften mit den Unterweisungen für den Todesmoment verbindet, so heißt es:

---

14. DIE UNTERWEISUNGEN, DIE INNERHALB DES GROSSEN FAHRZEUGS ZUM TRANSFER (TODESMOMENT) GEGEBEN WERDEN, SIND DIESELBEN FÜNF KRÄFTE. SIE SIND WICHTIGE WEGE DER PRAXIS.

– Die Kraft der weißen Samen

Mittels der Vier Kräfte sollte man die eigenen Vergehen zusammen mit den Ursachen für Leiden in künftigen Leben reinigen. Mit dem Gedanken: »Wenn ich auch sterbe, ist es recht« sollte man sich im Todesmoment von Besorgnissen und Angst frei machen. All seinen Besitz sollte man zur Ansammlung (von Verdienst) mit fester Gesinnung den höheren und niedrigeren Empfängern geben. Es ist sehr wichtig, dass keine Basis für Anhaftung bleibt. Dazu gibt es viele Geschichten, zum Beispiel, dass ein Bhikṣu durch die Anhaftung an seine Bettelschale im Todesmoment in Körpern ein und derselben Person gleichzeitig in drei Situationen lichterloh brennen musste.[47]

Insbesondere sollte man die Wertschätzung des eigenen Körpers aufgeben. Die Wurzel aller Leidenschaften ist das Festhalten an Ich und Mein. Dieses hat den Körper als Basis genommen, wo auch immer in den Sechs Daseinsklassen er geboren wurde; aus Anhaftung und Begierde zu ihm haben wir, um für ihn Essen, Kleider und anderes Eigentum zu erwerben, viel Karma gesammelt, das nicht verdienstvoll war, die Zehn unheilsamen Handlungen ebenso wie die Fünf extremen Handlungen. Dadurch haben wir uns mit den unerträglichen Leiden des grenzenlosen Daseinskreislaufs im Allgemeinen und mit den Leiden der schlechten Daseinsbereiche im Besonderen in Verbindung gesetzt.

Im »Eintritt in das Leben zur Erleuchtung« heißt es:

> »Wer an seinen Körper anhaftet,
> hat bei der geringsten Gefahr Angst.
> Diesen Körper, der Angst verursacht,
> wer würde ihn nicht wie einen Feind hassen?
>
> Im Wunsch nach Mitteln zur Heilung
> von Hunger, Durst und anderen Krankheiten des Körpers
> tötet man Vögel, Fische und Wild
> und wird zum Wegelagerer.
>
> Wenn er für Profit und Komfort
> sogar Vater und Mutter tötet
> und die Drei Juwelen bestiehlt,
> und dadurch in der Avīci-Hölle brennen wird,
>
> welcher vernünftige Mensch würde diesen Körper
> begehren, ihn schützen und verehren?
> Wer würde ihn nicht wie einen Feind
> betrachten und verachten?«

Entsprechend sollten wir mit folgenden Gedanken einen starken Entschluss fassen: »Ich will ab dem nächsten Leben keinen solchen schlechten Körper mehr annehmen, der durch Karma und Leidenschaften verursacht wird. Ich will in der Natur des Geistes, die ohne festen Wesenskern ist, im Zustand des Dharmakāya verweilen.«

– Die Kraft des Entschlusses

So wie zuvor sollte man drei Arten von Entschluss entwickeln, mit langer, mittellanger und kurzer (Perspektive).

– Die Kraft der Abkehr

Indem man sich die Nachteile der Leidenschaften gegenwärtig hält, rüstet man sich, um niemals unter ihre Gewalt zu geraten.

– Die Kraft der Wunschgebete

Man sollte intensiv Wunschgebete machen, dass man unter allen Umständen vom Bodhicitta ungetrennt bleiben und nicht unter die Gewalt der Selbstsucht und der anderen Leidenschaften geraten wird.

– Die Kraft der Gewöhnung

Was das körperliche Verhalten angeht, so richtet man den Kopf nach Norden und legt sich auf die rechte Seite, die rechte Wange in der rechten Hand. Mit dem Ringfinger der rechten Hand blockiert man den Atem durch das rechte Nasenloch. Die linke Hand legt man auf den linken Oberschenkel. Während man sich auf das Geben und Nehmen in Verbindung mit dem Kommen und Gehen des Atems durch das linke Nasenloch stützt, führt man den Transfer (in die nächste Existenz) durch.

Der große Tschäkhawa sagte:

> »Es gibt viele berühmte Unterweisungen für den Transfer; unter all diesen gibt es keinen wunderbareren als diesen.«

[PUNKT 5]

(III) Maßstäbe dafür, ob der Geist geübt ist

Es heißt:

---

15. ALLES DHARMA WIRD IN EINEM GEDANKEN ZUSAMMENGEFASST.

Da alle Dharmabelehrungen – Worte des Buddha wie Kommentare – ausschließlich zu dem Zweck gegeben wurden, die Selbstsucht zu bezähmen, ist also das, was aufzugeben bzw. zu beenden ist, die Selbstsucht. Deshalb prüft man, ob unsere Handlungen mittels der eigenen Drei Tore die Selbstsucht anregen oder sie vermindern.

Wenn sie (die Selbstsucht) anregen, hat man sich im Zweck für das Hören, Nachdenken, Meditieren usw. geirrt. Wenn sie (die Selbstsucht) vermindern, ist es ein Zeichen, dass der Dharma zum Weg geworden ist; dann ist das Geistestraining in reiner Weise im Bewusstseinsstrom entstanden. Das wird als die lange Messlatte bezeichnet, mit der man einen Dharma-Praktizierenden beurteilt.

Im Folgenden wird gezeigt, dass man sich zur Zeit des Prüfens nicht selbst betrügen darf. Es heißt:

16. HALTE DICH AN DEN ENTSCHEIDENDEN DER BEIDEN ZEUGEN.

Wenn andere sagen: »Ihn hat der Dharma in jeder Hinsicht geformt; sein Bewusstseinsstrom ist sanfter geworden,« so ist das der eine Zeuge. Aber dieser Zeuge nützt uns nichts. Entscheidend ist, dass man den eigenen Bewusstseinsstrom in allen Situationen überprüft, und sich dabei nicht selbst irreführt, sich nichts vormacht und sich nicht selbst betrügt. Wenn man seinen Geist im Unliebsten in der Welt üben kann und dadurch seine Wünsche (hinsichtlich Geben und Nehmen) erfüllt, so ist der Geist trainiert. Um das zu zeigen, heißt es:

17. HALTE DICH STETS NUR AN DEN GLÜCKLICHEN GEISTESZUSTAND.

Wenn man durch die Meditation den Geschmack des Dharma erfahren hat, wird man denken, gleichgültig, was für schlechte Umstände wie Leiden, schlechter Ruf usw. einem widerfahren: »Das Ziel meiner Übung des Geistestrainings durch Geben und Nehmen ist erreicht.« Von daher wird es nur zu einem Grund zur Freude, nicht zu einem für Traurigkeit usw. werden. Wenn man sich daran hat gewöhnen können, hat (das Geistestraining) begonnen, ein maßgebliches Gegenmittel zu sein.

Kurzum, wenn einem zu der Zeit, da man über Geistestraining meditiert, ein wenig Unerwünschtes widerfährt, und man die Kontinuität eines unglücklichen Geistes zementiert und durch seinen Zorn die Wurzeln des Heilsamen zerstört, so ist das ein großer Fehler.

Shawopa hat gesagt:

> »Einige reden so: ›Mein Lehrer ist unglücklich.‹ Ich denke, es gibt unter allen (Beschimpfungen) keine größere Beschimpfung als diese.«

Der eigentliche Maßstab für einen geübten Geist ist folgender – es heißt:

18. MASSSTAB FÜR DIE ÜBUNG IST DIE UMKEHR.

Angefangen mit den vorbereitenden Betrachtungen der Lehren zur eigenen Situation bis hin zu den Übungen des absoluten Bodhicitta – es (sollte) sich eine erste Erfahrung des jeweiligen Themas im Bewusstseinsstrom bilden; zum Beispiel sollte sich im Bewusstseinsstrom eine nicht gekünstelte Geisteshaltung herausbilden, dass man die kostbare Menschenexistenz unter allen Umständen nicht vergeuden, sondern die Essenz aus ihr ziehen wird.

Nun das Zeichen für den geübten Geist – es heißt:

19. ZEICHEN FÜR DAS GEÜBTSEIN IST, DASS MAN DIE FÜNF GRÖSSEN BESITZT.

Aus dem Verständnis heraus, dass (die Belehrungen zu) Bodhicitta die Essenz aller Schriften sind, wird man sich zu allen Zeiten darin üben und dadurch zu einem großen Bodhisattva werden.

Aus dem Vertrauen in Karma und seine Wirkungen heraus wird man auch kleinste Fehler vermeiden und dadurch zu einem großen Vinayadhara[48] werden.

Dadurch, dass man die Schwierigkeiten im Überwinden der Leidenschaften im eigenen Bewusstseinsstrom auf sich nimmt, wird man zu einem großen Asketen werden.

Dadurch, dass man sich in seinen Handlungen von Körper und Rede nicht von den Zehn Dharma-Verhaltensweisen des Großen Fahrzeugs trennt, wird man zu einem großen Übenden des Heilsamen werden.

Dadurch, dass man sich ständig im Yoga des Bodhicitta und seinen Hilfsmitteln übt, wird man zu einem großen Yogi werden.

Es heißt:

20. WENN MAN TROTZ ABLENKUNG DAZU IN DER LAGE IST, IST MAN GEÜBT.

Es ist so wie bei einem geschickten Reiter, der nicht herunterfällt, selbst wenn er abgelenkt ist und das Pferd scheut, wenn plötzlich von unberechtigter Seite unangenehme Kritik usw. aufkommt (und man trotzdem standhält). Es gab viele, die sogar den erhabenen Buddha beschimpft und verlacht haben. Und es gibt keinen Zweifel, dass (diese falschen Vorwürfe gegen uns) das Ergebnis davon sind, dass wir selbst schlechtes Karma gesammelt haben.

(Im »Eintritt in das Leben zur Erleuchtung« heißt es:)

> »Diejenigen, die mich beschimpfen,
> oder andere, die mir Schaden zufügen,
> ebenso die, die sich über mich lustig machen –
> mögen sie alle das Glück der Erleuchtung haben.«

Wenn (solche Gedanken) aus fester Gesinnung heraus entstehen, ist es ein Zeichen, dass man geübt ist.

[PUNKT 6]

(IV) Die Verpflichtungen des Geistestrainings

Bei den Verpflichtungen, über die sich Praktizierende des Geistestrainings nicht hinwegsetzen sollen, gibt es zwei Teile.

Der erste Teil sind die Erklärungen des Sinnzusammenhangs in Versform[49]

Es heißt:

---

21. ÜBE DICH STETS IN DEN DREI ALLGEMEINEN PUNKTEN.

Das sind: Ein Geistestraining, das nicht im Widerspruch zu den Versprechen steht; das keinen Missbrauch darstellt; und das nicht parteiisch ist.

• **Ein Geistestraining, das nicht im Widerspruch zu den Versprechen steht**

Man darf niemals sagen: »Weil wir Übende des Geistestrainings sind, schadet eine solche Kleinigkeit nicht« und mit dieser Begründung kleinere Versprechungen missachten oder mit den Worten: »Weil wir dieses Geistestraining haben, brauchen wir gar nichts anderes« im Widerspruch zu den Praktiken des allgemeinen Fahrzeugs handeln; es gilt, sich in der Praxis aller Aspekte der Buddhalehre zu üben, von den grundlegenden Schriften bis hin zum Guhyasamaja-Tantra.

• Ein Geistestraining, das keinen Missbrauch darstellt

Man sollte ganz und gar davon Abstand nehmen, mit der Ausrede, dass man den Namen eines Praktizierenden des Geistestrainings trägt, von Geistern bewohnte Erde umzugraben, von Geistern bewohnte Bäume zu fällen, von Geistern bewohnte Gewässer zu stören, ohne Hemmungen in Gebiete zu gehen, die von einer ansteckenden Krankheit geplagt sind, oder Sicht- und Handlungsweisen von denen zu übernehmen, die ihre Gelübde gebrochen haben, von Dämonen besessen sind usw. Die mündliche Überlieferungslinie des großen Atīśa bis hin zum großen, allwissenden Tsongkhapa und seinen Schülern ist völlig rein – an sie sollte man sich in seinen Übungen halten.

• Ein Geistestraining, das nicht parteiisch ist

Menschliche oder nichtmenschliche Wesen; Feinde, Freunde oder neutrale Personen; gut, schlecht oder durchschnittlich; hoch, niedrig oder mittelmäßig – sie alle sind die Objekte des Geistestrainings, und es gilt zu üben, ohne ihnen gegenüber parteiisch zu sein; denn man muss die Gewohnheit von Liebe und Mitgefühl unterschiedslos zu allen Lebewesen bis an die Grenzen des Raums entwickeln.

Auch unter dem Gesichtspunkt, dass die Leidenschaften, die im eigenen Bewusstseinsstrom aufzugeben sind, bezähmt werden müssen, reicht ein einseitiges oder sporadisches Gegenmittel nicht aus; man muss ein Vorgehen erkennen, das allgemein und unterschiedslos zum Gegenmittel der Leidenschaften wird, und es üben. Denn alle diese Leidenschaften sind sich darin gleich, dass sie den Weg zur Befreiung und zur Allwissenheit verschleiern und uns mit den Leiden des Daseinskreislaufs in Verbindung setzen.

Um zu zeigen, was notwendig ist, um in dieser Weise allen gegenüber unparteiisch zu werden, heißt es:

---

22. WIDME DICH KONSEQUENT KRAFTVOLLEM AUFGEBEN UND ANNEHMEN.

Im Allgemeinen ist es bei allen Menschen oder nichtmenschlichen Wesen falsch, Kraft anzuwenden, denn es besteht die große Gefahr, dass dadurch ihr Ärger provoziert wird und alle nichtmenschlichen Wesen uns in diesem, im Bardo und in zukünftigen Leben aus Rachsucht Schaden zufügen. Und auch bei den Menschen, die uns mit ihrer Güte geschützt haben, oder gegenüber unseren Nahestehenden und Dienern ist es nicht richtig, zwangsweise Kraft anzuwenden, weil sonst aller Nutzen, den sie uns früher gebracht haben, sinnlos und zum Anlass für Ärger wird.

Aber wem gegenüber sollte man dann Kraft anwenden? Allgemein gesprochen werden alle Fehler des Daseinskreislaufs durch Karma und Leidenschaften verursacht; Karma wird durch die Leidenschaften angesammelt; unter den Leidenschaften wiederum ist das Ichdenken die wichtigste.

Deshalb soll man sich mit Hören, Nachdenken und Meditieren des Dharma und mit allen Aktivitäten von Körper, Rede und Geist kraftvoll gegen (das Ichdenken) wenden und sich um die Methode bemühen, es zu überwinden.

Im »Eintritt in das Leben zur Erleuchtung« heißt es:

»(An diese Methode) werde ich Anhaftung entwickeln
und (dem Ichdenken) voller Groll im Kampf begegnen;
Leidenschaften dieser Art
werden ausnahmsweise Leidenschaften besiegen.

Selbst wenn ich verbrannt und ermordet
oder mein Kopf abgeschnitten werden sollte,
ist es weniger schwerwiegend;
niemals werde ich mich vor dem Feind der Leidenschaften
in irgendeiner Form beugen.«

In dieser Weise bemüht man sich darum, die Ichbezogenheit aufzugeben und sich an die Einstellung zu gewöhnen, die andere wertschätzt.

Um in dieser Weise die Selbstsucht aufzugeben, ist das Folgende notwendig; es heißt:

---

23. ÜBERWINDE ALLE URSACHEN (DER SELBSTSUCHT).

Indem man Ursachen wie »Feind«, »Freund«, »neutrale Person«, »angenehm« und »unangenehm« übertreibt, entstehen Anhaftung und Hass. Das alles sollte man überwinden, weil es im Allgemeinen bei allen Phänomen des Daseinskreislaufs keine Gewissheit gibt, im Besonderen aber keine Gewissheit von Feindschaft und Freundschaft.

(Im »Brief an einen Freund« heißt es:)

> »Der Vater wird zum Sohn, die Mutter zur Ehefrau,
> feindlich gesinnte Menschen zu Freunden,
> und das Gegenteil passiert auch. Deshalb
> gibt es im Daseinskreislauf keinerlei Gewissheit.«

Man sagt: »Erbaue eine Burg, wo die Gefahr am größten ist.« Deshalb wird gelehrt, die Meditation ganz besonders auf die Stellen zu richten, durch die man den Dharma verlieren kann; es heißt:

---

24. ÜBE DICH IMMER IM HINBLICK AUF DIE SPEZIELL EMPFOHLENEN OBJEKTE.

Es gibt fünf speziell empfohlene Objekte.

Erstens: Man sollte darauf achten, nicht ärgerlich zu werden usw. im Hinblick auf die Drei Juwelen, gegenüber Upādyāya und Ācārya,[50] den Lehrern, mit denen man im Dharma verbunden ist, gegenüber den Eltern und anderen, die einem große Güte erwiesen haben; denn ihnen gegenüber ist schon die geringste unheilsame Handlung sehr schwerwiegend.

Zweitens: Man sollte speziell im Hinblick auf alle Familienmitglieder üben, mit denen man ständig zusammenlebt; denn es gibt viele Möglichkeiten, ihnen gegenüber Leidenschaften zu entwickeln.

Drittens: Man sollte sich speziell im Hinblick auf alle ordinierten oder nichtordinierten Personen üben, die mit uns in Konkurrenz zu stehen scheinen; denn wenn ihnen auch nur das geringste Missgeschick widerfährt, könnte Freude aus unserem Herzen hervorbrechen.

Viertens: Man sollte der Übung im Hinblick auf Personen Aufmerksamkeit schenken, die einem böse gesinnt sind, obwohl man ihnen nichts getan hat; denn es besteht die große Gefahr, dass es einem so ergeht wie im folgenden Sprichwort: »Wenn das Feuer des Hasses brennt, trocknet die Feuchtigkeit des Mitgefühls.«

Fünftens: Man sollte mit besonderer Aufmerksamkeit im Hinblick auf solche Personen meditieren, die einem unangenehm sind, von denen man nicht einmal den bloßen Namen zu hören oder zu sehen wünscht, obwohl sie einem nichts getan haben; denn man ist in großer Gefahr, gleich ärgerlich auf sie zu werden.

Um Ausgeglichenheit gegenüber allen solchen Objekten zu erzielen, ist Folgendes notwendig; es heißt:

25. VERLASSE DICH NICHT AUF ANDERE UMSTÄNDE.

Im Allgemeinen ist Hören, Nachdenken oder was auch immer man unternimmt nur erfolgreich, wenn die günstigen Umstände dafür vorhanden sind, nicht jedoch, wenn sie fehlen. Wenn jemand hingegen durch das Tor des vorliegenden Dharma eingetreten ist und von Herzen das Geistestraining übt, wird gerade dieses Fehlen zu einem (günstigen) Umstand dafür. Wenn er so übt, wird er vor keinerlei äußeren oder inneren Hindernissen mehr zurückschrecken oder Angst haben und hervorragenden Nutzen für Bodhicitta daraus ziehen.

Um zu zeigen, dass man während der Praxis im Verhalten stabil bleiben muss, heißt es:

26. WÄHREND DU DEIN BESTREBEN VERÄNDERST, BLEIBE NATÜRLICH.

Während die Gedanken die ganze Zeit vom Bodhicitta ungetrennt bleiben, sollte man in seinem Verhalten von Körper und Rede ohne plötzliche Veränderungen[51] mit allen in Einklang bleiben.

Der große Tschäkhawa hat gesagt:

> »Alle Arten des Geistestrainings müssen so sein, dass nach außen wenig zu sehen, aber von der Bedeutung her großer Nutzen ist.«

Um zu zeigen, dass es nicht richtig ist, die Fehler anderer aufzuzählen, nachdem man durch das Tor des Geistestrainings getreten ist, heißt es:

27. SPRICH NICHT ÜBER SCHWACHPUNKTE.

Man sollte es aufgeben, über die Fehler aller menschlichen und nichtmenschlichen Wesen zu sprechen, wenn die Motivation dabei fehlerhaft ist.

Um zu zeigen, dass es nicht richtig ist, über den Problemen anderer zu brüten, heißt es:

28. DENKE ÜBER DIE ANGELEGENHEITEN
DER ANDEREN GAR NICHT NACH.

»Weil ich ein Praktizierender des Geistestrainings bin, komme ich mit dieser Person gerade noch zurecht. Aber mit ihr zusammen zu sein, ist (eigentlich) unmöglich.« So sollte man weder denken noch reden.

Um zu zeigen, dass man keine Anhaftung an eigene Wünsche beim Ergebnis der Meditation haben darf, heißt es:

29. GIB ALLE HOFFNUNG AUF ERGEBNISSE AUF.

Man soll niemals hoffen, alle Vortrefflichkeit des Daseinskreislaufs in diesem oder künftigen Leben als Ergebnis der Meditation des Geistestrainings zu erlangen; auch auf den Zustand der Befreiung oder der Allwissenheit zum eigenen Nutzen soll man nicht hoffen, weil die Buddhaschaft um der Lebewesen willen angestrebt wird.

Es heißt (im »Schmuck der klaren Erkenntnis«):

> »Die Entwicklung von Bodhicitta ist, zum Wohle anderer
> die vollkommene Erleuchtung zu wünschen.«

Nun der zweite Teil, die Erklärungen des Sinnzusammenhangs in freier Form[52]

Es heißt:

30. GIB GIFTIGES ESSEN AUF.

Im Allgemeinen kräftigt gutes Essen den Körper; aber wenn es mit Gift vermischt ist, wird es zur Todesursache.

Genauso entsteht zwar im Allgemeinen Buddhaschaft aus den Qualitäten des Hörens, Nachdenkens usw., aber wenn sie mit den Gedanken der Acht weltlichen Phänomene und dem Ich- und Mein-Denken vermischt sind, wird die Lebenswurzel für die Befreiung und die Allwissenheit abgeschnitten.

Deshalb flehe ich euch an: Was auch immer ihr an heilsamen Handlungen unternehmt, bemüht euch, sie nicht damit zu mischen!

31. STÜTZE DICH NICHT AUF UNVERZEIHLICHKEIT.

Gemeint ist, wenn man eine Kleinigkeit, die einem angetan wurde, im Herzen bewahrt und so die Kontinuität des Ärgers zementiert. So eine Handlungsweise ist niemals richtig, denn sie zerstört die Chance, diesen Personen gegenüber Liebe und Mitgefühl zu entwickeln.

32. LASS DICH NICHT ZU SCHLECHTEM GEREDE HINREISSEN.

Man sollte kein schlechtes Gerede von sich geben, das allen im Herzen weh tut und allen den Appetit verdirbt.

Der geschätzte Tschäkhawa hat gesagt:

> »Es wird gelehrt, dass man sogar die Samen des Dharma zerstört, wenn man den Rosenkranz des Geredes weiterbewegt: ›Damals hast du diesen Fehler begangen. Ich habe unvergleichlich sauber gehandelt. Aber den Leuten ist es egal, was man getan hat oder nicht getan hat ...‹«

32. WARTE NICHT IM HINTERHALT.

Gemeint ist, dass, wenn einem andere einen kleinen Schaden zugefügt haben, man dies im Herzen bewahrt und den Schaden zurückzahlt, sobald man kann. Es ist nicht richtig, so etwas zu tun, wenn man durch das Tor dieses Dharma getreten ist, weil es im völligen Gegensatz dazu steht, Schaden und Leiden anderer auf sich selbst zu nehmen.

34. SEI NICHT VERLETZEND.

Verletzend ist man z. B., wenn man mit fehlerhafter Motivation in den Schwächen anderer herumrührt; so etwas zu machen, ist bei allen – menschlichen wie nichtmenschlichen Wesen – nicht richtig. Denn wenn man so etwas macht, besteht die Gefahr, dass in ihrem Geist so viel Leid entsteht, als ob es um ihr Leben ginge.

35. LADE DIE LAST DES DZO NICHT AUF DEN OCHSEN UM.[53]

Gemeint ist, wenn man eine gemeinsame Aufgabe, die einem wie eine unerwünschte Last erscheint, geschickt auf den anderen überträgt, sodass sie einem selbst nicht zufällt. So eine Handlungsweise ist aus den obigen Gründen niemals angemessen.

36. VERSUCHE NICHT, EIN RENNEN ZU GEWINNEN

Gemeint ist, wenn man bei einer gemeinsamen Aufgabe die Hoffnung hegt, so etwas wie eine Belohnung dafür zu bekommen, dass man den anderen Nutzen gebracht hat, und es sich zueignet: »Das habe ich getan.« So eine Handlungsweise ist aus den oben genannten Gründen für einen Praktizierenden des Geistestrainings nicht angemessen.

37. VERWANDLE GÖTTER NICHT IN DÄMONEN.

Wenn man im Dienst an weltlichen Göttern einen Fehler macht, wird man von ihnen getötet; man spricht dann davon, dass sich die Götter in Dämonen verwandelt haben. Genauso spricht man bei uns allen, die wir durch das Tor des Dharma getreten sind, davon, dass sich die Götter in Dämonen verwandelt haben, wenn all unser Hören, Nachdenken und Meditieren das Ichdenken nährt und nur zu einer Methode wird, es zu vermehren.

Ich flehe euch an: Bitte sorgt mit allen Mitteln dafür, dass so etwas nicht geschieht.

38. SUCHE KEIN UNGLÜCK (ANDERER) FÜR (DEIN) GLÜCK.

Gemeint ist, wenn man, um eigene Vorteile zu erlangen, darauf wartet, dass anderen etwas Unerwünschtes passiert. Man muss lernen, so etwas niemals zu tun.

Das sind die Verpflichtungen, über die sich Praktizierende des Geistestrainings nicht hinwegsetzen sollen.

(V) Die Übungen des Geistestrainings

Dabei gibt es zwei Teile.

Der erste Teil umfasst die Erklärungen des Sinnzusammenhangs in Versform

Es heißt:

---

39. ALLE YOGAS SOLLTEN MIT HILFE DES EINEN DURCHGEFÜHRT WERDEN.

Bei allen Yogas wie den Aktivitäten im Zusammenhang mit Essen, Kleiden, Wohnen usw. soll man mit Eifer dafür sorgen, dass sie ausschließlich durch dieses eine (des Geistestrainings) bestimmt werden.

---

40. ES GIBT ZWEI HANDLUNGEN FÜR DIE ZWEI, DEN ANFANG UND DAS ENDE (DES TAGES).

Solange man lebt, soll man, gleich wenn man sich morgens von seiner Schlafstätte erhebt, den starken Entschluss fassen aufzugeben, was aufzugeben ist, und die Gegenmittel zu üben – ganz entsprechend den Erklärungen im Abschnitt über die Kraft des Entschlusses.

Wenn man sich im mittleren Abschnitt der Nacht schlafen legt, sollte man, falls die Handlungen von Körper und Rede diesem Entschluss entsprochen haben, denken: »Die Tatsachen, dass ich einen Körper in der kostbaren Menschenexistenz erlangt habe, dass ich dem Dharma des Großen Fahrzeugs begegnet und von einem Lehrer angenommen worden bin, hat Nutzen gebracht. Das ist gut.« Und man sollte sich sehr freuen. Falls (die Handlungen) dem Entschluss nicht entsprochen haben, sollte man denken: »Ich habe meine kostbare Menschenexistenz vergeudet. Ich habe meine Begegnung mit dem tiefgründigen Dharma nutzlos werden lassen. Das ist nicht gut. Das werde ich in Zukunft nicht wiederholen.«

---

41. ÜBE DICH IN DEN LEICHTEREN PRAKTIKEN.

Falls man denkt: »Es ist schwer, die Leiden der anderen zu nehmen und das eigene Glück und Heilsame den anderen zu geben«, übe das jetzt nur in

Gedanken. Denn wenn es dadurch zur Gewohnheit geworden ist, wird einem auch ein wirklicher Eintritt in das Geben und Nehmen nicht mehr schwer fallen.

42. WELCHES VON BEIDEN EINEM AUCH WIDERFÄHRT, ÜBE GEDULD.

Gleichgültig, ob einem in Körper und Geist Glück oder Leid widerfährt, man sollte das jeweils so zum Helfer für die Verwirklichung der Erleuchtung werden lassen, wie es im Kapitel über das Verwandeln widriger Umstände in den Erleuchtungsweg erklärt worden ist.

43. HALTE DIE ZWEI SOGAR UM DEN PREIS DES LEBENS.

Die natürlichen und angenommenen Verpflichtungen im Zusammenhang mit den Drei Gelübden, die man auf sich genommen hat, sowie insbesondere die oben erklärten Verpflichtungen des Geistestrainings sollte man halten, auch wenn das Leben auf dem Spiel steht.

44. ÜBE DICH IN DEN DREI SCHWIERIGKEITEN.

Zuerst ist es schwer, sich an die Gegenmittel für die Leidenschaften zu erinnern; dann ist es schwer, (die Leidenschaften) abzuwenden; und am Schluss ist es schwer, deren Kontinuität abzuschneiden. Deshalb soll man die Leidenschaften identifizieren und ihre Nachteile bedenken. Bemüht man sich dann auf vielerlei Weise darum, sie abzuwenden, sorgt man auch dafür, dass sie ihre Kontinuität nicht fortsetzen können.

45. VERWANDLE ALLES IN DEN WEG DES GROSSEN FAHRZEUGS.

Dadurch, dass alle eigenen Handlungen mit den Gedanken der Liebe und des Mitgefühls zu allen Lebewesen und dem daraus folgenden Streben nach Erleuchtung verbunden sind, werden die Aktivitäten der Drei Tore und alles Sehen, Hören, Erinnern und Berühren in den Weg des Großen Fahrzeugs verwandelt, solange der Daseinskreislauf existiert. Dafür soll man sorgen.

In den »Jātaka-Erzählungen« heißt es:

> »Wenn ich sie auch nur sehe, höre, mich an sie erinnere,
> sie berühre oder mit ihnen rede,
> möge es für die Lebewesen in allen Formen von Nutzen sein:
> Möge ich immer dafür sorgen, dass sie glücklich sind.«

Oder wie es der geschätzte Tschäkhawa gesagt hat:

> »Mögen alle, die ich sehe, Buddhas werden. Mögen alle, die ich
> berühre oder mit denen ich rede, durch diesen Anlass frei von den
> Schleiern der Leidenschaften und des Wissens[54] zur Ebene der
> Buddhas fortschreiten.«

Weil sie alle dieses Yoga benötigen, heißt es:

---

46. TRAGE DIE WERTSCHÄTZUNG IN ALLE WEITEN UND TIEFEN.

Was diese Übung des Bodhicitta betrifft, so soll man als Objekt nicht nur
einen Teil der Lebewesen, sondern unparteiisch alle Lebewesen, die durch
die Vier Arten der Geburt in Erscheinung treten, (annehmen). Dabei soll
man nicht nur mit bloßen Worten üben, etwa wie ein Fischer einen Tem-
pel betrachten mag,[55] sondern aus tiefstem Herzen – so, wie Shawopa es
formuliert hat:

> »Mögen sich (die Leiden) konzentrieren und heranreifen;
> mögen sie (die Selbstsucht) bezwingen und vernichten«

und der große Tschäkhawa auf dem Sterbebett gesagt hat:

> »Se-Tschungwa, mein Wunsch ist nicht in Erfüllung gegangen. Bitte
> stell vor den Drei Juwelen eine Opfergabe auf.«

Als dieser ihn fragte, was für ein Wunsch es gewesen sei, der nicht in Erfüllung gegangen war, antwortete er:

> »Ich hatte gewünscht, dass sich die Leiden aller Lebewesen in mei-
> nem Herzen als schwarze Haufen sammeln sollten, aber ich habe nur
> eine Vision von Sukhāvati[56] bekommen.«

47. NIMM DIE DREI WESENTLICHEN URSACHEN AN.

Für diejenigen, die sich allgemein mit irgendeiner Aktivität von Hören, Nachdenken und Meditieren oder die sich insbesondere, nachdem sie durch das Tor dieses Dharma getreten sind, mit dem Geistestraining befassen, sind (drei Dinge wichtig):

(erstens) die inneren Ursachen, d. h., dass sie eine wertvolle Menschenexistenz haben, bei der die guten Eigenschaften von Vertrauen, Weisheit, Eifer usw. vollständig sind;

(zweitens) die äußeren Ursachen, d. h., dass sie einem Lehrer begegnen, von dem sie nichts trennen kann[57] und der sie mit Freude annimmt;

und (drittens), dass sie zu dieser Zeit über günstige Umstände wie Essen, Kleider usw. in ausreichendem Maß verfügen.

Wenn diese drei Dinge vorhanden sind, wird es zweifellos so kommen wie damals, als Atīśa und Geshe Dromtönpa[58] zusammentrafen. Wenn man selbst überhaupt keinen Fortschritt im Hinblick auf gute Qualitäten macht, muss es daran liegen, dass irgendeines (dieser Dinge) nicht vollständig ist.

Als Ursache dafür, dass sie in Zukunft wunschgemäß vollständig werden und die (eigenen) Qualitäten wie der zunehmende Mond anwachsen, sollte man sich deshalb um die Ansammlungen (von Verdienst und Weisheit) bemühen und Wunschgebete machen.

48. ÜBE DICH ZUERST IM GRÖBSTEN.

Allgemein sollte man sich um die Gegenmittel zu allen Leidenschaften bemühen; insbesondere jedoch sollte man den eigenen Bewusstseinsstrom im Einzelnen prüfen und mit Eifer das Gegenmittel zu den Leidenschaften anwenden, die am gröbsten und am leichtesten zu erkennen sind.

49. WÄHLE DAS NÜTZLICHSTE.

Im Vergleich sogar zu umfassender Großzügigkeit ist das Bewahren reiner Ethik allgemein kraftvoller. Deshalb ist es sinnvoll, auf ihrer Grundlage die Geisteseindrücke, durch die man in allen Situationen vom Bodhicitta ungetrennt bleibt, zu festigen.

50. MEDITIERE ÜBER DREI ASPEKTE, DIE NICHT VERLOREN GEHEN SOLLTEN.

Vertrauen und Respekt zum Lehrer sollten nicht verloren gehen, weil es andernfalls kein Tor zur Entwicklung von Qualitäten gibt.

Die Achtsamkeit gegenüber den Übungen sollte nicht verloren gehen, weil andernfalls keine Möglichkeit für die reine Ethik besteht; denn alle Handlungen, die zu Fehlern und dem Bruch von Gelübden führen, werden von der Achtlosigkeit verursacht.

Die Freude am Geistestraining sollte nicht verloren gehen, weil andernfalls das Vertrauen, mit dem man die Qualitäten der Bodhisattvas sieht, und das von ihm ausgelöste Streben (nach diesen Qualitäten) usw. fehlen – deshalb würde man sich nur noch mit Worten, nicht jedoch von Herzen um sie bemühen.

51. SORGE DAFÜR, DASS DU DIE DREI HAST, VON DENEN MAN NICHT GETRENNT SEIN SOLLTE.

Der Körper sollte nicht von heilsamen Handlungen getrennt sein: Diensten gegenüber dem Lehrer und den Drei Juwelen usw., Niederwerfungen, Umwandlungen etc. Die Sprache sollte nicht von der Rezitationsmeditation der Zuflucht, den Meditationsgottheiten usw. getrennt sein.

Der Geist sollte nicht vom Bodhicitta und seinen Hilfsmitteln getrennt sein. (Diese drei Dinge) sind wichtig.

52. WENN DU ZURÜCKWEICHST, MEDITIERE GERADE DARÜBER (UND BENUTZE DIES) ALS GEGENMITTEL.

Manche entwickeln eine Einstellung, mit der sie beginnen, vor der Meditation zurückzuweichen: »Weil ich über das Geistestraining meditiere, zerreißen sich die Leute den Mund über mich; das Ichdenken und andere Leidenschaften sind stärker geworden; Essen, Kleider und anderer Besitz sind geringer geworden; Krankheiten, Angriffe durch Dämonen usw. haben sich vermehrt.« Wenn man so denkt, wird man die Lust am Geistestraining verlieren und es besteht die Gefahr, dass man davon Abstand nimmt. Deshalb sollte man zu solchen Zeiten denken: »Dieses Dharma ist untrüglich; durch den Segen geistiger Dämonen[59] habe ich eine falsche Einstellung zur Meditation entwickelt. Das ist sicher.« Weiter soll man von Herzen denken: »In der Welt gibt es viele, deren Einstellung sich vom Dharma abgewandt hat. Für sie alle möge dieses mein (Zurückweichen) als Ersatz dienen. Möge der Bewusstseinsstrom von ihnen allen mit dem Dharma des Großen Fahrzeugs gemischt sein.«

53. ÜBE JETZT DAS WESENTLICHE.

Von anfangloser Zeit bis jetzt waren wir nur immer wieder an ungünstigen Orten wie denen der schlechten Daseinsbereiche usw., sie sind quasi unser alter Familiensitz. Jetzt haben wir im Gegensatz dazu durch einige äußere und innere Umstände eine kostbare Menschenexistenz gefunden. Zu dieser Gelegenheit ist es wichtiger, die Ziele der zukünftigen Existenzen zu verwirklichen anstatt diejenigen dieser Existenz. Dabei wiederum ist die Praxis wichtiger als das Erklären. Deshalb ist das Wesentliche die konzentrierte Meditation über die Unterweisungen, die sich auf Bodhicitta und dessen Hilfsmittel beziehen. Darum widmet euch bitte ihr entsprechend.

54. TRAGE IN ZUKUNFT STÄNDIG DIE RÜSTUNG.

Die Rüstung besteht in dem Gedanken: »Ich werde dafür sorgen, dass ich vom nächsten Leben an bis zur Erleuchtung in allen Situationen vom Bodhicitta ungetrennt bin.« Im »Sūtra über die Juwelenwolken« werden zwei Ursachen dafür gelehrt, dass man von Bodhicitta ungetrennt bleibt: Die Widmung aller heilsamen Handlungen als Ursache, dass man von Bodhicitta ungetrennt bleibt, und die Einübung des Bodhicitta.

Nun der zweite Teil, die Erklärungen des Sinnzusammenhangs in freier Form

55. HÜTE DICH VOR FALSCHEM VERSTÄNDNIS.

Man sollte Mitgefühl gegenüber den Lebewesen üben, die von verschiedenen Leiden geplagt werden; wenn man dagegen sieht, dass es einigen Personen, die sich um das Hören und Überdenken des Dharma bemühen, etwas an Nahrung, Kleidern usw. mangelt, und man sie aufgrund ihres Anblicks zum Objekt für sein Mitgefühl nimmt, dann ist das falsch verstandenes Mitgefühl.

Man sollte danach streben, zum Wohl der Lebewesen die vollendete

Buddhaschaft zu erlangen; wenn man stattdessen nach den Vollkommenheiten des Daseinskreislaufs im Allgemeinen und im Besonderen nach Reichtum und Ruhm in diesem Leben strebt, dann ist das falsch verstandenes Streben.

Man sollte die Einstellung haben, alle Lebewesen zu versorgen, indem man sie in den Zustand eines Buddha versetzt; wenn man stattdessen damit beginnt, bestimmte Personen mit Gaben für die Drei Juwelen im Allgemeinen und im Besonderen mit Gaben, die zur allgemeinen Speisung des Saṅgha gedacht waren, mit der Begründung zu versorgen, dass sie dem eigenen Herzen nahe stehen und mit einem befreundet sind, dann ist das falsch verstandenes Versorgen.

Wenn man sich von Herzen über die Wurzeln des Heilsamen aller Buddhas und Bodhisattvas freut, vermehrt man (die eigenen) Wurzeln des Heilsamen; wenn man sich stattdessen über Berichte freut, dass Personen, die man nicht gern sieht, ein kleines Missgeschick widerfahren ist, ist das falsch verstandene Mitfreude.

Wenn bei der Bemühung um Hören, Nachdenken und Meditieren kleinere Leiden durch Schwierigkeiten entstehen oder wenn einem einige (Lebewesen) ein wenig Schaden zufügen, so soll man das Leiden bereitwillig annehmen und Geduld üben, indem man aus dem Schaden keine große Sache macht; wenn man stattdessen gegenüber den verschiedenen Leiden geduldig ist, die in Verbindung mit einer Motivation entstehen, die auf die Acht weltlichen Phänomene gerichtet ist, auf das Bezwingen der Feinde, das Schützen der Freunde usw., dann ist das falsch verstandene Geduld.

Nachdem man durch das Tor des Dharma des Großen Fahrzeugs getreten ist, sollte man den Geschmack des Hörens und Nachdenkens über den heiligen Dharma genießen; wenn man stattdessen den Geschmack der Genussobjekte der Sinnesorgane und des Bezwingens von Feinden, des Schützens der Freunde usw. in Verbindung mit einer Motivation von Anhaftung und Hass genießt, dann ist das falsch verstandenes Genießen.

Diese Arten von falschem Verständnis sind aufzugeben.

56. ENGAGIERE DICH NICHT NUR GELEGENTLICH.

Ohne einsgerichtetes Vertrauen in das Geistestraining nur ab und zu ein wenig zu meditieren, im Wesentlichen aber nach Reichtümern für dieses

Leben zu streben und hin und wieder ein wenig von dem zu tun, was den Namen einer heilsamen Handlung durch Körper und Sprache trägt – so sollte es nicht sein: es ist richtig, einsgerichtet alle Aktivitäten der Drei Tore auf (das Geistestraining) zu konzentrieren, denn es handelt sich um den einen Weg, den alle Buddhas der Drei Zeiten gegangen sind.

57. ÜBE MIT ENTSCHLOSSENHEIT.

Damit wird der obige Punkt gestützt: Es bedeutet, dass man all sein Streben auf dieses eine konzentrieren soll, ohne wechselhaft und zweiflerisch zu sein.

58. VERWIRKLICHE DIE BEFREIUNG DURCH GROBES UND SUBTILES UNTERSUCHEN.

Zu allen Zeiten sollte man den zuvor erklärten Entschluss von lang, mittel- und kurzfristiger (Perspektive) als Kriterium nehmen und seine Zeit damit verbringen, alle Handlungen der Drei Tore einschließlich der jeweiligen Motivation in grober und subtiler Weise zu untersuchen und Reue bzw. Freude zu entwickeln.

59. MACH KEINEN GROSSEN WIND DARUM.

Wenn man selbst anderen ein wenig Nutzen gebracht hat, sollte man nicht prahlerisch darüber sprechen und es ständig erwähnen. Denn wenn es richtig wäre, um die Güte großes Aufheben zu machen, hätte der Buddha gesagt, dass es richtig wäre; aber er hat es nicht gesagt.

60. RECHNE NICHT (KLEINLICH ODER) EIFERSÜCHTIG NACH.

Rechne den Umfang der Opfergaben, der Ehrerweisungen usw. (die du selbst bekommst,) nicht eifersüchtig nach; denn das wäre im Widerspruch zu Verpflichtungen wie »Lass dich nicht zu schlechtem Gerede hinreißen« und anderen mehr.

61. MACHE ES NICHT KURZFRISTIG.

Hier wird gezeigt, dass man bei der Meditation Durchhaltevermögen aufbringen muss. Denn es hat keinen Sinn, nach ein wenig Anfängerbegeisterung aufzugeben: Zu allen Zeiten sollte man sich bemühen, dem ununterbrochenen Strom eines großen Flusses oder der gespannten Sehne eines Bogens gleich.

Im »Lob derer, die des Lobes würdig sind« heißt es:

>»Um besondere Erhabenheit zu erlangen,
>bist du weder in Überspannung noch in Schlaffheit abgeglitten.
>Deshalb bestehen deine besonderen Qualitäten darin,
>dass du nicht nach Rang oder Nähe unterscheidest.«

62. ERWARTE KEINEN DANK.

Ein Beispiel dafür ist, wenn man gleich eine Gegenleistung für einen kleinen Nutzen, den man jemandem gebracht hat, erhofft. Oder wenn man sagt: »Es ist ganz egal, ob man dieser Art von Leuten Gutes tut oder nicht – sie können ja nicht einmal danke sagen.« Derartiges sollte man aufgeben.

Der große Bodhisattva Tschäkhawa hat so praktiziert und er hatte dadurch gute (Ergebnisse); mit Zufriedenheit konnte er sagen:

>»Weil ich große Hingabe dazu hatte,
>habe ich unter Missachtung von Leiden und übler Nachrede
>die Unterweisungen zur Bezwingung des Ichdenkens genommen.
>Jetzt werde ich auch im Tod keine Reue haben.«

Damit ist die Übung des konventionellen Bodhicitta erklärt.

Zweitens, die Stufen zur Übung des absoluten Bodhicitta

(Hier gibt es drei Abschnitte:) Die Schüler für diese Unterweisungen; der Zeitpunkt für das Lehren des absoluten Bodhicitta; und die eigentlichen Unterweisungen zur Übung des absoluten Bodhicitta.

Die Schüler für diese Unterweisungen

Man sollte die Unterweisungen denen geben, die »geeignete Gefäße« dafür sind, denn andernfalls wäre es eine Verfehlung (bei den Bodhisattva-

Gelübden). Wie aber erkennt man jemanden, der ein »geeignetes Gefäß« ist? Man kann es an den äußeren Merkmalen von Körper und Sprache erkennen.

Dazu heißt es:

> »So wie man ein Feuer am Rauch erkennt
> und durch Wasservögel um (das Vorhandensein von) Wasser weiß,
> wird man, wenn jemand die Geisteshaltung eines Bodhisattva
> besitzt, dessen Familie an den Merkmalen erkennen.«

Was sind nun diese Merkmale? Wenn er erstmals etwas über die Leerheit hört, wird er große Freude empfinden; dadurch werden sich als körperliche Merkmale die Körperhaare sträuben, aus den Augen werden Tränen kommen usw. Das sind untrügliche Merkmale.

Es heißt im »Eintritt in den Mittleren Weg«:

> »Wenn er, sogar während er noch ein gewöhnliches Wesen ist,
> von der Leerheit hört,
> wird immer wieder größte Freude in ihm entstehen;
> aus Freude werden seine Augen feucht von Tränen
> und seine Körperhaare werden sich sträuben.

> Ein solcher (Mensch) besitzt den Samen des Geistes
> eines vollendeten Buddha;
> er ist das ›Gefäß‹ für die Lehre der Soheit.«

Wenn man Personen Erklärungen gibt, die kein »Gefäß« sind, werden einige keine Hingabe dazu haben, Angst empfinden und deshalb die Leerheit ablehnen. Wenn sie sie ablehnen, haben sie sich von der Essenz der Lehre des Erhabenen abgewandt und werden darum durch die karmische Kraft, die sich aus dem Aufgeben des Dharma ergibt, in den grenzenlosen schlechten Daseinsbereichen herumirren. Einige mögen zwar den Eindruck erwecken, als ob sie Hingabe hätten; aber dadurch, dass sie den Sinn der Leerheit falsch verstehen, denken sie, dass »leer« bedeute, nichts sei vorhanden, und fallen durch diesen Irrtum in den großen Abgrund der Verachtung der heilsamen und unheilsamen Handlungen und deren Wirkungen.

Wenn man denjenigen Erklärungen gibt, die die zuvor genannten

Merkmale des »Gefäßes« besitzen, werden sie »leer« fehlerfrei im Sinn von abhängigem Entstehen begreifen; deshalb werden sie, um geeignete Gefäße für die Praxis der Leerheit mittels Hören, Nachdenken und Meditieren zu werden, eine völlig reine Ethik bewahren usw. Dadurch, dass sie diese Methode-Aspekte besitzen, wird ihr Verständnis der Leerheit zu einem völlig reinen Befreiungsweg.

Es heißt entsprechend im »Eintritt in den Mittleren Weg«:

»Immer werden sie eine völlig reine Ethik annehmen
und in ihr leben;
sie werden Gaben geben und sich im Mitgefühl üben;
sie werden über Geduld meditieren und dieses Heilsame
völlig der Erleuchtung widmen, um die Wesen zu befreien;
den vollkommenen Bodhisattvas werden sie Respekt erweisen.«

Der Zeitpunkt für diese Unterweisungen

63. WENN FESTIGKEIT ERLANGT IST, LEHRE DAS GEHEIMNIS.

Im Allgemeinen ist es für diejenigen, die zur Familie des Großen Fahrzeugs gehören, auch möglich, in den Weg einzutreten, indem sie zuerst die Sichtweise der Leerheit festigen und später mit den Methode-Aspekten beginnen. Aber in dieser Tradition betrachtet man zuerst die vier Lehren zur eigenen Situation als Vorbereitung. Im Hauptteil meditiert man sorgfältig über Bodhicitta und seine Hilfsmittel, indem man die beiden Aspekte berücksichtigt, einerseits danach zu streben, dass die anderen Nutzen haben und andererseits danach, die (eigene) Erleuchtung zu erlangen; nachdem dadurch die Methode-Aspekte zur festen Gewohnheit geworden sind, lehrt man in dieser Tradition das Geheimnis, die Übung des absoluten Bodhicitta.

Die eigentliche Übung des absoluten Bodhicitta

Im Zusammenhang mit der Übung des absoluten Bodhicitta heißt es:

64. BETRACHTE ALLE PHÄNOMENE WIE EINEN TRAUM.

65. UNTERSUCHE DIE NATUR DES UNGEBORENEN GEISTES.

66. AUCH DAS GEGENMITTEL BEFREIT SICH AM EIGENEN ORT.

67. BELASSE DIE ESSENZ DES WEGES IN DER SPHÄRE DER BASIS VON ALLEM.

Die erste Zeile zeigt, dass die objekthaften Phänomene nicht wahrhaft existieren. Die zweite zeigt, dass die subjekthaften Phänomene nicht wahrhaft existieren. Die dritte bezieht sich darauf, dass man erkennt, dass auch der Untersuchende selbst nicht wahrhaft existiert.

Diese (drei Zeilen) handeln von der Art und Weise, wie man die Analytische Meditation durchführt.

In der letzten Zeile geht es um das Stadium nach der Analyse, in dem man mit Hilfe der Vertiefenden Meditation[60] ohne Absinken und Erregung meditativ in der Erkenntnis ruht, dass nichts zu finden ist.

Das Folgende ist die Art und Weise, wie man (diese Erkenntnis) nach der Sitzung bewahrt:

68. ZWISCHEN DEN SITZUNGEN HANDLE WIE EIN ZAUBERER.

Es wird weiter unten gelehrt.

Diese (68 Zeilen) sind ohne Hinzufügung oder Weglassung das, was der große Tschäkhawa gesagt hat, als er die Stufen der Meditation des absoluten Bodhicitta lehrte.

Der Schutzherr Nāgārjuna wurde vom Erhabenen als derjenige prophezeit, der die Schriften in ihrer zu interpretierenden und in ihrer endgültigen Bedeutung im Zusammenhang mit der Essenz der Lehre, d. h. der Bedeutung der Leerheit, fehlerfrei darstellen würde; ihm und seinem Schüler (Āryadeva) folgend hat der Ārya Candrakīrti die Bedeutung der Selbstlosigkeit dargestellt. Dass er die Absichten des Buddha fehlerfrei kommentiert hat, bestätigt der große, einzigartige Meister Atīśa:

»Wer hat die Leerheit verstanden?
Es ist Candrakīrti aus der Schülerschaft jenes Nāgārjuna,
der von Buddha prophezeit wurde
und die Wahrheit der Dharmatā gesehen hat.
Durch die Unterweisungen aus seiner Überlieferungslinie
wird man die Wahrheit der Dharmatā verstehen.«

In Übereinstimmung mit dieser Aussage hat sie der ehrwürdige Dharma-König Tsongkhapa dargelegt, jenes große Wesen, eine Emanation des Mañjuśrī, in dem Wissen und Mitgefühl aller Buddhas der Drei Zeiten vereint sind.

Dabei gibt es zwei Teile: (Erstens) wird die Unwissenheit identifiziert und gezeigt, dass sie die Wurzel des Daseinskreislaufes ist; (zweitens) geht es darum, dass die Darstellung der Sichtweise der Selbstlosigkeit notwendig ist, um (die Unwissenheit) aufzugeben, und um die Darstellung selbst.

(I) Unwissenheit, die Wurzel des Daseinskreislaufs

Die Unwissenheit ist der grundlegenden Bewusstheit[61] entgegengesetzt. Dieser Gegensatz hier ist direkt, das heißt, die Unwissenheit ist nicht nur einfach etwas anderes als die grundlegende Bewusstheit und sie ist auch kein Nicht-Vorhandensein, das sich aus der bloßen Verneinung der grundlegenden Bewusstheit ergäbe.

Diese grundlegende Bewusstheit ist nicht irgendetwas Beliebiges, sondern bezeichnet die Weisheit, die die Bedeutung der Selbstlosigkeit erkennt. Darum ist also (Unwissenheit) die Hinzufügung in der Form eines Selbst; dabei unterscheidet man die Auffassung vom Selbst der Person und die vom Selbst der Phänomene. Die Objekte (dieser beiden Auffassungen) sind das, was angesichts von Personen und Phänomenen hinzufügend interpretiert wird, nämlich ein Selbst der Personen und ein Selbst der Phänomene.

Bei der Darlegung der Selbstlosigkeit ist es ein unerlässlicher Bestandteil, das Maß des Verneinungsobjekts zu bestimmen, sodass sein Umfang weder zu groß noch zu klein wird.

Denn wenn der Umfang des Verneinungsobjekts zu groß ist, werden Existenz und Wahrhafte Existenz[62] in eins vermischt; wenn man dann auf dieser Grundlage die Verneinung der Wahrhaften Existenz (nach Buddhas Lehre) akzeptiert und den traditionellen Verneinungsschritten folgt, wird man nicht in der Lage sein, die Existenz gültig zu beweisen. Stattdessen wird man in seiner Darlegung des abhängigen Entstehens, was die verursachenden Geistesgifte und die völlig reinen Aspekte betrifft, in völlige Verwirrung verfallen.

Wenn diejenigen, die es nicht verstehen, in ihrem eigenen System eine gültige Existenz festzulegen, über den Sinn dessen meditieren, was der einzige Weg ist, den alle Buddhas der Drei Zeiten beschritten haben, also die grundlegende Sichtweise, dargelegt als frei von den Extremen der Beständigkeit und des Nihilismus, so werden sie in ihrer Darstellung der Gesamtheit von Grundlage, Pfad und Resultat größte Verwirrung erfahren: Denn weil (die zukünftigen Buddhas) die Untrennbarkeit von Methode und Weisheit in ihrer Koinzidenz meditieren, erlangen sie zur Zeit des Ergebnisses die beiden Körper von Dharmakāya und Rūpakāya im Bewusstseinsstrom ihrer eigenen Person als ein Wesen, aber in getrennter Erscheinungsform; aus diesem Zustand heraus werden sie spontan und ununterbrochen aktiv bleiben und den Nutzen der Lebewesen bewirken, bis der Daseinskreislauf zu Ende geht.

Nun dazu, was passiert, wenn der Umfang (des Verneinungsobjekts) zu gering ist. Obwohl sich alle Buddhisten im Wortlaut der Vier Siegel der Lehre einig sind, die der Erhabene niedergelegt hat, (gibt es Unterschiede), wenn sie das Selbst identifizieren, das laut (dem Siegel) »Alle Phänomene sind ohne Selbst« nicht vorhanden ist:

Die Schulrichtungen der Hörer sprechen weder von einem Selbst der Phänomene noch von einer Darlegung einer Selbstlosigkeit der Phänomene; für sie ist die Bedeutung des Siegels von der Selbstlosigkeit nur die Selbstlosigkeit der Person; darunter verstehen sie nur das Leersein der Person von unabhängiger, substanzieller Existenz.

Für die großen Wegbereiter der Nur-Geist-Schulen bezieht sich das Siegel von der Selbstlosigkeit sowohl auf die Selbstlosigkeit der Person als auch auf die Selbstlosigkeit der Phänomene. Die Selbstlosigkeit der Person wird wie bei den Schulrichtungen der Hörer definiert; unter dem Selbst der Phänomene verstehen sie die getrennte Essenz von Objekt und Subjekt; das Leersein davon ist die Selbstlosigkeit der Phänomene.

Bei den Madhyamaka-Schulrichtungen unterscheidet man zwischen den Prāsaṅgikas und den Svātantrikas. Die Svātantrikas beziehen die Bedeutung des Siegels von der Selbstlosigkeit auf die zwei Formen der Selbstlosigkeit (der Person und der Phänomene); ihre Interpretation der Selbstlosigkeit der Person gleicht den vorherigen beiden (Schulen). Über die Selbstlosigkeit der Phänomene heißt es in der »Flammenden Argumentation«, dass die Sinnesbewusstseinsarten, die entstehen, ohne durch vorübergehende Täuschungsursachen verwirrt zu sein, die eigenen Charakteristika der Dinge als ihnen erscheinende Objekte haben. Weil darum weder die konzepthafte Wahrnehmung in Bezug auf ihr erfasstes Objekt noch die konzeptfreie Wahrnehmung in Bezug auf ihr erscheinendes Objekt getäuscht ist, akzeptieren (die Svātantrikas) die dadurch festgelegte Eigennatur bzw. eigenständigen Charakteristika. Deshalb bezieht sich das Selbst, das bei Phänomenen wie den Skandhas, den Elementen, den Sinnesquellen usw. nicht vorhanden bzw. zu widerlegen ist, auf (sog.) absolute Bestehensweisen, (dadurch definiert,) dass sie nicht durch das Erscheinen in einem fehlerfreien Bewusstsein festgelegt sind. Wenn (die Vorstellung solcher absoluten Bestehensweisen) überwunden ist, verstehen sie darunter entsprechend die Selbstlosigkeit der Phänomene.

Einige frühtibetische Meister haben unter dem nicht vorhandenen Selbst, der sogenannten Selbstlosigkeit, etwas verstanden, das der Analyse durch das logische Denken, das das Absolute untersucht, standhalten kann. Sie sahen es als gleichbedeutend mit dem an, das durch das logische Denken, das das Absolute untersucht, erwiesen wird: als das, was vor ihm Bestand hat, als sein Objekt. Von daher nahmen sie an: Wenn etwas Objekt des logischen Denkens ist, das das Absolute untersucht, muss es dessen Analyse standhalten. Wenn das so ist, muss es wahrhaft existieren.

Deshalb sagten einige, dass es kein Objekt des logischen Denkens sei: Denn wenn es das wäre, würde man zum ursprünglichen Verneinungsobjekt zurückkehren; es müsste dann auf diese Weise der Analyse durch das logische Denken standhalten und entsprechend wahrhaft existieren.

Andere sagten: Die absolute Wahrheit ist als wahrhaft existent beweisbar, weil sie der Analyse durch das logische Denken standhalten kann – denn sie ist ihr Objekt.

Wieder andere überlegten: Wenn die absolute Wahrheit kein Objekt wäre, würde man die absolute Wahrheit unterbewerten, und wenn man sie für ein gültiges Objekt des logischen Denkens hielte, würde man zum ursprünglichen Verneinungsobjekt zurückkehren. Deshalb sagten sie: Wenn man es so definiert, dass vom Gesichtspunkt des logischen Denkens her kein Objekt vorhanden ist, jedoch vom Gesichtspunkt der Schlussfolgerung her ein Objekt als Zusammentreffen von Erscheinung und Leerheit, befreit man sich von den Extremen des Hinzufügens und des Auslassens.

Alle Schulrichtungen bis hin zu den Svātantrikas machen keine andere Einteilung der Leidenschaften als die, die in den Wurzel- und Kommentartexten des Abhidharma gelehrt werden. Dabei behaupten sie alle, dass die Unwissenheit und die (falsche) Sichtweise der Vergänglichen Anhäufung, die die Wurzel des Daseinskreislaufs ausmachen, intellektuell fabriziert sind.

Weil es die intellektuell fabrizierten (Arten der) Unwissenheit nur bei denen gibt, deren Geist philosophisch geformt ist, nicht jedoch bei anderen, sind (intellektuell fabrizierte falsche Sichtweisen unserer Meinung nach) als Wurzel des Daseinskreislaufs nicht geeignet.

Im »Eintritt in den Mittleren Weg« heißt es:

> »Man sieht, dass auch diejenigen, die viele Zeitalter
> als Tiere zugebracht haben
> und nichts von einem nicht-produzierten,
> ewigen (Selbst). verstehen,
> in das Festhalten am Selbst verfallen.«

Wenn man das Objekt der intellektuell fabrizierten (Unwissenheit) als Maßstab für das Verneinungsobjekt bei der Darlegung der Selbstlosigkeit nimmt, hat das Verneinungsobjekt einen zu geringen Umfang. Übt man darum die Realisation der Bedeutung, die mit dieser Verneinung im Zusammenhang steht, erlangt man keine Befreiung aus dem Daseinskreislauf, weil das Objekt der Auffassung nicht aufgegeben ist, die bei der Person, den Skandhas usw. annimmt, dass sie von ihren eigenen Merkmalen her erwiesen sind.

Im »Kostbaren Kranz von Ratschlägen für den König« heißt es:

> »Solange es das Haften an den Skandhas gibt,
> gibt es auch die Auffassung von ihnen als Selbst.
> Wo jedoch die Selbst-Auffassung vorhanden ist, gibt es Karma
> und daraus wiederum die Geburt.«

– Unser eigenes System:

Nach unserem eigenen System gibt es zwei Arten von Unwissenheit, (die intellektuell fabrizierte und die angeborene). Die Unwissenheit, die die Wurzel des Daseinskreislaufs bildet ist dabei die angeborene Form. Bei der Identifikation ihrer Ausprägung gibt es (Personen), die wissen, dass die bloße konzeptuelle Benennung des erfassten Objekts gültig erwiesen ist und andere, die es nicht wissen.

Die Außenstehenden (d. h. Nicht-Buddhisten) erkennen es nicht, während es alle Buddhisten erkennen. Unter denen wiederum, die es erkennen, gibt es solche, die die Funktionsweisen wie das Hervorbringen einer Wirkung usw. erklären können und solche, die das nicht können.

Dabei akzeptieren zwar alle Schulrichtungen bis hin zu den Svātantrikas, dass die Phänomene gültig erwiesen sind, aber sie können in der Tatsache der bloßen Benennung mit einem Namen »dies ist dies« nichts gültig Erwiesenes sehen; sie suchen nach dem Benennungsobjekt der konventionellen Bezeichnung »es ist dies« und legen fest, dass es gültig erwiesen ist, wenn sie es finden, und nicht gültig erwiesen, wenn sie es nicht finden. Deshalb akzeptieren sie nicht, dass Aktivitäten wie das Hervorbringen einer Wirkung usw. in ihrer bloßen konzeptionellen Benennung gültig erwiesen sind.

So wie Candrakīrti den Gedankengang von Nāgārjuna und seinem Schüler Āryadeva erklärt hat, wird das Hervorbringen einer Wirkung, das Abwägen eines Denkobjekts, das Erlangen eines Erlangungsobjekts usw. in der bloßen Benennung als gültig erwiesen festgelegt. Es ist die wunderbare Methode, um die Essenz der Lehre des erhabenen Buddha fehlerfrei zu erklären.

Wie es der Schutzherr Nāgārjuna formuliert hat:

> »Wenn man sich im Verständnis, dass die Phänomene leer sind,
> auf Handlungen und ihre Wirkung stützt,
> ist das wunderbarer als ein Wunder,
> noch erstaunlicher als Erstaunliches«.

Dementsprechend bildet die Auffassung, dass etwas bei der Person, den Skandhas usw. vorhanden ist, das nicht nur durch die Kraft des Geistes festgelegt, sondern von seiner eigenen Seite her erwiesen ist, das Kriterium für die Wahrhafte Existenz. Sie ist das, was von der angeborenen Unwissenheit (dem bloßen Objekt) hinzugefügt wird. Wenn (diese Wahrhafte Existenz) anhand der Person als Basis widerlegt wird, ist es die Selbstlosigkeit der Person, und wenn sie anhand der Skandhas oder anderer Phänomene widerlegt wird, ist es die Selbstlosigkeit der Phänomene.

Im Kommentar zu den »Vierhundert Versen« heißt es:

> »Diesbezüglich ist das so genannte Selbst die eigenständige Existenz, ein Wesen der Dinge, das von anderen nicht abhängig ist. Das Nicht-Vorhandensein davon ist die Selbstlosigkeit. Sie wird entsprechend der Unterscheidung von Phänomenen und Personen als zweierlei verstanden und Selbstlosigkeit der Phänomene bzw. Selbstlosigkeit der Person genannt.«

Was dabei die Art und Weise der Benennung der Phänomene durch Konzepte betrifft, so heißt es im »Sūtra über die Fragen des Upāli«:

> »Die verschiedenen wunderschönen Blumen, voll entfaltet,
> und die strahlenden herrlichen Paläste aus Gold
> haben keinerlei Schöpfer,
> sie werden durch die Kraft der Konzepte festgelegt;
> durch die Kraft der Konzepte
> werden die Ausprägungen der Welt benannt.«

Hier wird gelehrt, dass die Phänomene durch die Kraft der Konzepte (in ihrer Benennung) festgelegt werden.

Auch in den »Sechzig Versen über das Argumentieren« heißt es:

> »Da der vollendete Buddha gelehrt hat,
> dass die Welten die Unwissenheit zur Bedingung haben,
> wie könnte es falsch sein, zu sagen,
> dass diese Welten Konzepte sind?«

Im Kommentar wird dazu erklärt, dass die Welten nicht durch ihr eigenes Wesen erwiesen, sondern lediglich durch Konzepte benannt sind.

Auch in den »Vierhundert Versen« heißt es:

> »Wenn die Begierde und andere (Geistesgifte)
> ohne Konzepte nicht vorhanden sind,

welche intelligente Person
würde an wirklichen Objekten und Konzepten festhalten?«

Im Kommentar dazu heißt es:

> »Was nur durch das Vorhandensein von Konzepten existiert und
> ohne Konzepte nicht existiert, ist zweifelsfrei nicht durch sein eige-
> nes Wesen erwiesen, so wie eine Schlange, die anhand eines aufge-
> rollten Seils benannt wurde. Das ist sicher.«

Das heißt: Während sie von ihrer eigenen Seite nicht erwiesen sind, werden Anhaftung usw. vom Aspekt der Benennung her so erklärt wie eine
Schlange, die anhand eines Seils benannt wurde.

Es gibt nicht den geringsten Unterschied in der Art und Weise, wie
Devadatta, Yangdatta sowie andere Personen und wie Vasen, Stoffe und
andere Phänomene durch Konzepte benannt werden; in der Art und
Weise, wie ein Zauberer, wenn er Steinchen und Hölzer als Pferde und
Elefanten hervorbringt, die Pferde und Elefanten anhand der Steinchen
und Hölzer benennt; und in der Art und Weise, wie bei Einbruch der
Dunkelheit ein aufgerolltes Seil durch die Konzepte als Schlange benannt
wird. Die Schlange, die anhand des Seils (benannt ist), ist nur durch die
Kraft eines innerlich verwirrten Geistes festgelegt; ansonsten ist weder in
den einzelnen Teilen des Seils noch in dessen Zusammensetzung die
kleinste Schlange erwiesen; das Gleiche sollte man erkennen bei den Steinchen und Hölzern, bei einer Reflexion im Spiegel und allem anderen.

Von der Art und Weise, wie zu diesen Zeiten die angeborene Selbst-Auffassung im eigenen Geistesstrom das Selbst der Person und der Phänomene
begreift, kann man sich auf folgende Weise leicht überzeugen: Wie zuvor
erklärt, werden zu der Zeit, da man ein Seil mit einer Schlange verwechselt,
bei dieser Basis sowohl die Schlange als auch die Erscheinung der Schlange
durch die bloße Kraft eines verwirrten Geistes festgelegt; von der Seite des
Seils her ist kein anderes Objekt im Geringsten erwiesen, es wird nur durch
den Geist festgelegt. In gleicher Weise, wenn im Spiegel ein Gesicht erscheint, werden sowohl Augen, Nase usw. im Spiegel als auch die Reflexion
für einen erfahrenen Erwachsenen nur durch den verwirrten Geist festgelegt
sein; ein anderes Objekt ist dabei nicht im Geringsten erwiesen. Solche Beispiele, von denen man sich leicht überzeugen kann, die leicht zu verstehen,
leicht zu erkennen sind, sollte man überdenken.

Im Allgemeinen gibt es bei dem Gedanken: »Das bin ich« drei Wahrnehmungsweisen.[63] Die angeborene Selbst-Auffassung der Person bedeutet, dass das Objekt von seiner eigenen Seite her erwiesen ist – und das ist anders als eine Reflexion (eine bloße Spiegelung), die einem erfahrenen Erwachsenen erscheint, (der weiß, worum es sich handelt). Objekt dieser Auffassung ist das Selbst der Person.

Wenn man in gleicher Weise bei allen zusammengesetzten und nicht zusammengesetzten Phänomenen von der Form bis hin zur Allwissenheit (ein Selbst) hinzufügt, so ist das die angeborene Selbst-Auffassung der Phänomene. Das Objekt dieser Auffassung ist das, was widerlegt wird, wenn die Nichtexistenz des Selbst dargelegt wird: die gültige Wahrhafte Existenz, das Erwiesensein durch die eigenen Merkmale, das Erwiesensein durch ein eigenes Wesen, das Erwiesensein als Absolutes, als Wahrhaft Existentes, als Vollkommenes usw.

Während man über die Selbstlosigkeit meditiert, sollte man sichergehen, dass die Wahrnehmungsweise durch die eigene angeborene Selbst-Auffassung nicht mit intellektuell fabrizierten Auffassungen vermischt ist.

Diese und andere methodische Details wird man verstehen, wenn man einem Lehrer des Großen Fahrzeugs lange Zeit Verehrung und Dienste erweist; deshalb soll man sich mit Sorgfalt darum bemühen.

Das große Wesen Haribhadra hat dazu unter anderem gesagt:

> »Die Unterweisung, den Lehrer vollkommen zu erfreuen, ist fehlerfrei.«

Nun dazu, wie eine solche Unwissenheit, die an einem Selbst und Mein festhält, die Wurzel des Daseinskreislaufs bildet:

Wenn man innerlich daran festhält, dass Selbst und Mein durch ihre eigenen Merkmale erwiesen sind, wird Anhaftung zum Selbst entstehen; dadurch entsteht der Durst nach allem Glück für das Selbst, und da das Glück des Selbst zwangsläufig von den Dingen des Mein abhängt, wird der Durst nach Mein dessen Fehler verschleiern und man wird Qualitäten darin sehen. Man wird die Dinge des Mein annehmen, um das Glück des Selbst zu verwirklichen. Durch die Leidenschaften, die in dieser Weise entstehen, sammelt man Karma und durch das Karma wiederum tritt man mit dem Daseinskreislauf in Verbindung.

In den »Siebzig Versen über die Leerheit« heißt es:

> »Karma hat seine Ursache in den Leidenschaften;
> von der Natur der Geistesgifte und des Karma, die ihn bilden,
> hat der Körper seine Ursache im Karma;
> alle drei sind von ihrem Wesen her leer.«

In dieser Weise sollte man üben, bis man wirklich Sicherheit über die Stufen erlangt hat, durch die es zum Wandern im Daseinskreislauf kommt.

(II) Die Darlegung der Selbstlosigkeit

Die Notwendigkeit der Darlegung

Um die Unwissenheit vollkommen zu überwinden, muss man logisch ableiten, dass das Objekt, auf das sie sich bezieht, nicht ihrer Wahrnehmung gemäß vorhanden ist, sich dann mit dem Sinn dieser Darlegung vertraut machen und sie dadurch überwinden.

Das große Wesen Dharmakīrti hat gesagt:

> »Ohne sich von ihrem Objekt abzuwenden
> wird man sie nicht überwinden können.«

Wenn man stattdessen (1.) nur übt, den Geist, der sich zum Selbst hin bewegt, zurückzuziehen; wenn man (2.) eine bloße Konzeptlosigkeit übt, in der es keine Vorstellungen von vorhanden oder nicht vorhanden, von sein oder nicht sein gibt; oder wenn man (3.), nachdem ein Allgemeinbild des Verneinungsobjekts erschienen war und man es logisch analysiert hat, zur Zeit der Meditation von der durch das logische Denken gefundenen Bedeutung abweicht und eine bloße Konzeptlosigkeit pflegt, in der überhaupt keine Identifikationen stattfinden –, gleichgültig wie lange man solche Meditationen auch ausdehnt, es wird nicht möglich sein, die Samen der Selbst-Auffassung zu überwinden:

Denn obwohl sich bei der ersten Variante der Geist nicht mit dem Selbst befasst, das zu verneinen ist, gewinnt er keine Sicherheit über das Gegenteil der Wahrnehmungsweise der Selbst-Auffassung und begreift es nicht, weil der Geist nicht mit der Selbstlosigkeit befasst ist.

Dazu heißt es im Kommentar:

>Weil Liebe und Ähnliches der Verwirrung nicht (direkt) entgegengesetzt sind, rotten sie den äußerst schweren Fehler nicht aus.«

In der zweiten Variante werden Konzepte aller Art, die etwas für vorhanden, nicht vorhanden usw. halten, und alle Objekte, die von den Konzepten der Auffassung von Wahrhafter Existenz wahrgenommen werden, in eins vermischt mit der Wahrhaften Existenz selbst, d. h. dem Verneinungsobjekt des logischen Denkens, das die Selbstlosigkeit darlegt. Das gleicht einem Wiederaufleben der Tradition des chinesischen Gelehrten Hashang, einer Version, bei der das Verneinungsobjekt zu großen Umfang hat.

Die dritte Variante ist, wenn das logische Denken zu einem Ergebnis kommt und man zur Zeit der Meditation etwas anderes meditiert, sodass beide keine Verbindung miteinander haben. Das ist so, als ob man eine Rennstrecke gezeigt bekäme und dann anderswohin liefe.

Welche Basis auch immer man mit seiner Anhaftung wahrnimmt, es ist notwendig, das Gegenteil dieser Wahrnehmungsweise anhand gerade dieser Basis zu bestimmen. Andernfalls ist es wie in den Sprichworten: »Der Dieb im Wald, die Spuren auf der Wiese«, und: »Der Dämon am Osttor, die Opfergabe am Westtor.«

Deshalb wird nun also die Sichtweise der Selbstlosigkeit dargelegt; dabei geht es um die Reihenfolge in der Darlegung der beiden Formen von Selbstlosigkeit und um die eigentliche Methode bei der Darlegung.

Die Reihenfolge der Darlegung

So wie oben erklärt, gibt es zwar zwischen Personen und Phänomenen wie den Skandhas usw. keinen Unterschied in Bezug auf das Selbst, das nicht vorhanden ist – es ist nicht im Geringsten gröber oder feiner; aber aufgrund der gröberen oder feineren Verneinungsbasis ist es unterschiedlich schwierig, sich Gewissheit darüber zu verschaffen. Wenn Personen wie Devadatta usw. als Objekte des Geistes erscheinen, ist man davon abhängig, ihre Aggregate wahrzunehmen. Aufgrund dieser Notwendigkeit ist der Benennungsaspekt durch das logische Denken erwiesen.

In gleicher Weise gibt es zwar nicht den geringsten Unterschied im Sinne von gröber oder feiner im Verneinungsobjekt, wenn man die Selbstlosigkeit bei Phänomenen (einerseits) anhand von Reflexionen in einem

Spiegel oder (andererseits) anhand von (konkreten Dingen, z. B.) Vasen, Stoffen usw. darlegt; aber da die Verneinungsbasis für den Geist leichter oder schwerer festlegbar ist, ist es leichter oder schwerer, sich Gewissheit über die nicht-wahrhafte Existenz zu verschaffen.[64]

Dazu heißt es in der »Zusammengefassten Gāthā über die Vollkommenheit der Weisheit«:

> »So wie dich, erkenne alle Lebewesen;
> so wie alle Lebewesen, erkenne alle Phänomene.«

Bei der eigentlichen Methode zur Darlegung der Selbstlosigkeit gibt es drei Teile: die Methode zur Darlegung der Selbstlosigkeit der Person; die Methode zur Darlegung der Selbstlosigkeit der Phänomene; und wie in Abhängigkeit davon Person und Phänomene wie Illusionen erscheinen.

(Die eigentliche Methode der Darlegung)

• Die Selbstlosigkeit der Person

Bei der Art und Weise, wie man zuerst die Basis, die Person, identifiziert, sind sich alle darin einig, dass das Bezugsobjekt der angeborenen Selbst-Auffassung die Person ist. Dieses Bezugsobjekt sehen einige Hörer in der Gruppe der Fünf Skandhas, andere im Geist allein; diejenigen unter den Anhängern der Nur-Geist-Schule, die eine Basis von allem akzeptieren, sehen darin die Basis, die der leidenschaftsverbundene Geist betrachtet und dabei den Gedanken »Selbst« entwickelt; die Anhänger der Nur-Geist-Schule, die keine Einteilung in Acht Bewusstseinsarten vornehmen, die Anhänger des Lehrmeisters Bhāvaviveka und die Sautrāntikas legen die Kontinuität des sechsten oder Geistbewusstseins als Person fest. Den Beweis dafür, dass die Kontinuität des Geistes als Person festzulegen ist, führt der Lehrmeister Bhāvaviveka mittels schriftlicher Autorität und Logik in seiner »Flammenden Argumentation«.

Sie alle sagen, dass die Person als bloße Benennung in Abhängigkeit von den Skandhas benannt wird und dass etwas Substanzielles als ihre Definitionsbasis angesehen werden muss. Denn wenn es als gültig erwiesen festgelegt wird, sucht man nach dem Objekt und es muss dadurch zu finden sein; andernfalls, wenn es von seinen eigenen Merkmalen her nicht erwiesen wäre, würde es nicht existieren.

147

– Unser eigenes System:
Der ehrwürdige Lehrmeister Candrakīrti hat in seinem »Eintritt in den Mittleren Weg« gründlich widerlegt, dass das Bezugsobjekt der angeborenen Selbst-Auffassung die Skandhas sind; im Kommentar dazu sagt er, dass man sich auf ein Selbst bezieht, das in Abhängigkeit benannt ist. Daraus folgt, dass sich diesem (abhängig benannten Selbst) gegenüber der spontane[65] Gedanke: »Das bin ich« entwickeln muss und sich den Skandhas usw. gegenüber der spontane Gedanke: »Das ist mein« entwickelt, niemals jedoch der Gedanke: »Das bin ich«. Das wird klar, wenn man es in seiner eigenen Erfahrung überprüft.

Die Person, ob Mann oder Frau, ob Ārya oder gewöhnliches Wesen, ob innerhalb des Daseinskreislaufs oder daraus befreit usw. wird in Abhängigkeit von den Skandhas als Benennungsbasis benannt; weder die Kontinuität der Ansammlung der Skandhas, weder die Ansammlung (selbst) noch der Besitzer der Ansammlung, weder die Kontinuität (selbst) noch der Besitzer der Kontinuität sind die Person. Es ist so, wie zum Beispiel ein Wagen in Abhängigkeit von seinen Teilen, den Rädern usw. benannt wird; weder seine einzelnen Teile noch ihre Ansammlung sind der »Wagen«.

In einem Sūtra heißt es:

»Wie man in Abhängigkeit von der Ansammlung der Teile
von einem Wagen spricht,
spricht man genauso in Abhängigkeit von den Skandhas
konventionell von Lebewesen.«

Eine solche Art und Weise, die Person festzulegen, ist die hervorragende Methode, um die Soheit der Dinge schnell zu verstehen. Denn mit der Form angefangen bis hin zur Allwissenheit ist dieses Argument anwendbar.

Bei der Darstellung, dass eine solche Person frei von inhärenter Existenz ist, wird zwischen der Darstellung, dass das Selbst frei von inhärenter Existenz ist, und der Darstellung, dass das Mein frei von inhärenter Existenz ist, unterschieden.

(1) Die Darstellung, dass das Selbst frei von inhärenter Existenz ist

Zur Zeit, da die Sichtweise der Selbstlosigkeit im Bewusstseinsstrom entsteht, entsteht sie in Abhängigkeit davon, dass man (logisch mit inhärenter Existenz) verbundene Objekte wie (inhärent) eines oder (inhärent) vieles nicht sieht und mittels fehlerfreier Argumente wie den Argumenten für Abhängiges Entstehen das Gegenteil (von inhärenter Existenz) sieht. Deshalb ist es zuerst entscheidend, den eigenen Bewusstseinsstrom zu prüfen und die Art und Weise zu identifizieren, wie die Wahrnehmung beschaffen ist, die die angeborene Selbst-Auffassung der Person beinhaltet. Das ist zuvor erklärt worden.

In dieser Weise führt man die Analytische und Vertiefende Meditation durch; dabei nun zuerst zur Methode der Analytischen Meditation.

– (Die Methode der Analytischen Meditation): Die Freiheit davon, (inhärent) eins oder viele zu sein:

Wenn die Person inhärent erwiesen ist, muss ihr Wesen entweder identisch mit den Skandhas oder verschieden von ihnen sein. Es steht fest, dass es keine andere als diese beiden Möglichkeiten gibt, (inhärent) erwiesen zu sein. Denn im Allgemeinen, wenn wir bei einer Vase oder irgendeinem anderen Phänomen gültig nachweisen, dass es ein Gegenstück[66] besitzt, ist widerlegt, dass es kein Gegenstück hat. Und wenn es als etwas Einzelnes ohne Gegenstück erwiesen ist, ist widerlegt, dass es ein Gegenstück besitzt. Man sollte sich darüber Gewissheit verschaffen, dass es außer (dem Gegensatz) von »eins« oder »verschieden« keinerlei (logische) Alternative gibt. Drei Argumente werden vorgebracht, die widerlegen, dass die Person und die Skandhas dieselbe, von ihren eigenen Merkmalen her erwiesene, inhärente Natur haben.

Erstens, (hätten Person und Skandhas dieselbe inhärente Natur,) wäre absurderweise zu folgern, dass die Behauptung eines Selbst keinen Sinn ergibt:

Wenn das Selbst und die Skandhas von identischer, durch ihre eigenen Merkmale erwiesener, inhärenter Natur wären, wäre der Geist, der über das (Selbst) Konzepte hat, ungetäuscht, weil es ein Geist wäre, der etwas durch seine eigenen Merkmale Erwiesenes zum Erscheinungsobjekt hat. Es wäre genauso wie zum Beispiel die Hörer behaupten, dass ein Sinnesbewusstsein, dem aufgrund starker Geisteseindrücke etwas Blaues erscheint, in seinem Erscheinungsobjekt nicht getäuscht ist.

Es wäre dann notwendig, dass die absolute Bestehensweise von Selbst und Skandhas und das Erscheinungsobjekt des Denkens, das über diese beiden Konzepte hat, übereinstimmen; dabei wäre widerlegt, dass diese beiden dem Denken als etwas Getrenntes erscheinen, weil die Erscheinungsweise im Geist und die Bestehensweise der beiden Objekte übereinstimmen sowie die Bestehensweise der Objekte von identischer, durch ihre eigenen Merkmale erwiesener, inhärenter Natur wäre. Die beiden wären dann eins, ohne jemals trennbar zu sein; denn schon das bloße Erscheinen als etwas Getrenntes im Denken wäre widerlegt.

Deshalb, weil die Skandhas (im Tod) aufgegeben und (bei der Geburt) angenommen werden, würde die Behauptung eines Selbst keinen Sinn ergeben: das Selbst würde sich darauf beschränken, eine andere Bezeichnung für die Skandhas zu sein. Das ist logisch nicht haltbar.

In den »Grundversen über den Mittleren Weg, genannt ›Weisheit‹«, heißt es:

> »›Außer den befleckten Skandhas
> gibt es kein Selbst.‹ Wenn ihr behauptet,
> dass die befleckten Skandhas selbst das Selbst seien,
> wird euer Selbst nicht vorhanden sein.«

Zweitens, (hätten Person und Skandhas dieselbe inhärente Natur,) wäre absurderweise zu folgern, dass das Selbst eine Vielheit ist: Wenn das Selbst und die Skandhas identisch wären, ohne jemals unterscheidbar und trennbar zu sein, wäre, so wie auch jede Person viele Skandhas hat, die Person eine Vielheit; oder aber die Skandhas wären eines, weil sie mit der einen Person untrennbar eins wären. Das ist unhaltbar.

Im »Eintritt in den Mittleren Weg« heißt es:

> »Wären die Skandhas das Selbst, dann, weil diese vielfach sind,
> müsste auch das Selbst vielfach sein.«

Drittens, (hätten Person und Skandhas dieselbe inhärente Natur,) wäre absurderweise zu folgern, dass das Selbst geboren wird und vergeht: So wie die Skandhas einer Person nacheinander geboren werden und vergehen, müsste auch die Person geboren werden und vergehen. Wenn (Skandhas und Selbst) Geburt und Tod erfahren, die von ihrer inhärenten Natur her erwiesen sind, so müssen sie entweder inhärent identisch oder inhärent verschieden sein; etwas anderes gibt es nicht. Diese (Möglichkeiten) sind beide nicht haltbar.

Wenn, von den eigenen Merkmalen her erwiesen, ihre inhärente Natur identisch wäre, müsste zum Beispiel die Person dieses und der früheren Leben eins sein, ohne jemals unterscheidbar zu sein; wenn es so wäre, wären die Personen früherer Leben, die mit ihr einen Bewusstseinsstrom haben, genau wie die Person dieses Lebens nicht gestorben, weil diese mit den Personen früherer Leben identisch wäre, ohne jemals unterscheidbar zu sein. Die Personen früherer Leben, die mit einem selbst einen Bewusstseinsstrom haben, wären in diesem Leben geboren, ohne gestorben zu sein, weil sie mit der Person dieses Lebens identisch wären, ohne jemals unterscheidbar zu sein. So etwas ist nicht haltbar, weil es Beständigkeit ergäbe.

In den »Grundversen über den Mittleren Weg, genannt ›Weisheit‹«, heißt es:

> »Wenn jener Deva jener Mensch wäre,
> würde sich Beständigkeit ergeben.«

Wenn Personen, die durch frühere und spätere Leben definiert sind, verschiedene inhärente Naturen hätten, die durch ihre eigenen Merkmale erwiesen sind, wäre es nicht möglich, dass sie miteinander verbunden sind: Sie hätten keine Verbindung als ein Selbst, weil ihre inhärenten Naturen verschieden sind; und sie hätten keine Verbindung in Abhängigkeit, weil sie beide im Widerspruch dazu stünden, dass eine von der anderen abhängig ist.

Denn das Erwiesensein mittels inhärenter Natur steht im Widerspruch dazu, von etwas anderem abhängig zu sein. Und wenn es so ist, ist es auch nicht haltbar, die Verbindung mittels einer Kontinuität anzunehmen, weil keine der anderen beiden Verbindungen zutrifft.

Im »Eintritt in den Mittleren Weg« heißt es:

> »Was durch seine eigenen Merkmale für sich ist,
> kann unmöglich zur gleichen Kontinuität gehören.«

Wenn es keine Kontinuität ist, wäre die Erinnerung an (frühere) Leben inakzeptabel und das stünde im Widerspruch zu vielen Sūtras.

Darüber hinaus würde sich das Karma der heilsamen und unheilsamen Handlungen, die eine Person in früheren Leben begangen hat, erschöpfen und sie würde die Ergebnisse davon nicht erfahren, weil man nicht behaupten kann, dass sie von einer anderen Person erfahren werden, die mit ihr in einer Kontinuität steht. Es würde bedeuten, dass eine Person in diesem Leben Glück und Leid als Ergebnisse früherer Taten erlebt, die sie nicht begangen hat; denn sie hat die Ursachen nicht angesammelt, weil man nicht behaupten kann, dass eine andere Person sie gesammelt hätte, die mit ihr in einer Kontinuität steht.

In dieser Weise widerlegt man mit Hilfe der Logik, dass Person und Skandhas von identischer inhärenter Natur sind, die durch ihre eigenen Merkmale erwiesen wäre, man sucht Gewissheit darüber zu gewinnen und diese zu bewahren.

Doch selbst in unserer eigenen Tradition ist zu akzeptieren, dass Person und Skandhas konventionell von einem Wesen sind; das ist ein äußerst subtiler und schwieriger Punkt.

Wenn die Person und die Skandhas von verschiedener inhärenter Natur wären, die von ihren eigenen Merkmalen her erwiesen ist, wäre es so, wie es in den »Grundversen über den Mittleren Weg, genannt ›Weisheit‹«, heißt:

»Wenn (die Person) von den Skandhas verschieden wäre,
hätte sie keine Merkmale der Skandhas.«

(Die Person) würde die drei Merkmale des Entstehens, Bestehens und Vergehens nicht aufweisen, die die Skandhas als zusammengesetzte Phänomene ausweisen. So wie ein Pferd vom Rind verschieden ist, hätte eines nicht die Merkmale des anderen. Deshalb wäre (die Person) kein zusammengesetztes Phänomen und darum nicht als Bezugsobjekt für Vorstellung und Aspekt[67] der angeborenen Selbst-Auffassung der Person geeignet; sie wäre wie der Raum und das Nirvāṇa.

Weiterhin wäre es möglich, einen spontanen Geist zu entwickeln, der bei einer Basis, die überhaupt nicht die eigenen Skandhas sind, denkt, »das bin ich«, weil die Person und die Skandhas von ihren eigenen Merkmalen her ein verschiedenes Wesen haben. Das könnte man mit der Entwicklung eines spontanen Geistes vergleichen, der mit der Begründung, dass Vase und Stoff ein verschiedenes Wesen haben, bei einer Basis, auch wenn sie keine Vase ist, denkt, »das ist ein Stoff« und der bei einer Basis, auch wenn sie kein Stoff ist, denkt, »das ist eine Vase«.[68]

Dazu heißt es in den »Grundversen über den Mittleren Weg, genannt ›Weisheit‹«:

> »Das Selbst als verschieden von den befleckten Skandhas
> ist nicht annehmbar.
> Wenn es verschieden wäre, müsste es logischerweise ohne sie
> zu erfassen sein; aber das ist es nicht.«

Und im »Eintritt in den Mittleren Weg«:

> »Deshalb gibt es getrennt von den Skandhas kein Selbst,
> weil es unabhängig von den Skandhas nicht erfasst wird.«

Durch diese Überlegungen sieht man genau die Fehler darin, Person und Skandhas als von identischer oder als von verschiedener inhärenter Natur, die durch ihre eigenen Merkmale erwiesen ist, (zu betrachten); weder eine identische noch eine verschiedene inhärente Natur ist erwiesen. Somit ist das Durchdringende widerlegt, und wenn das so ist, ist das Durchdrungene widerlegt.[69] Durch dieses Argument wird man die Bedeutung davon gut verstehen, dass die Person keine inhärente Existenz besitzt; diese gültige Gewissheit sollte man mit aufmerksamem Erinnern und Bewusstheit bewahren.

(2) Die Darstellung, dass das Mein frei von inhärenter Existenz ist

Wenn man auf diese Weise durch das Argument, frei davon zu sein, eins oder viele zu sein, eine gültige Gewissheit darüber erlangt hat, dass das Selbst keine inhärente Natur hat, wird man durch die Funktion dieses Arguments selbst erkennen, dass »Mein« keine inhärente Natur hat. Denn das ist so wie man durch die gültige Erkenntnis, dass es den Sohn einer unfruchtbaren Frau nicht gibt, versteht, dass es dessen weißliche oder bläuliche Farbe nicht gibt, ohne dass man (bei dieser Argumentation) von etwas anderem abhängig wäre.

In den »Grundversen über den Mittleren Weg, genannt ›Weisheit‹«, heißt es:

> »Wenn das Selbst nicht vorhanden ist,
> wie könnte es Mein geben?«

und im »Eintritt in den Mittleren Weg«:

> »Weil es keine Handlung ohne Täter gibt,
> gibt es kein Mein ohne Selbst.
> Deshalb wird der Yogi völlig befreit,
> wenn er die Leerheit von Selbst und Mein betrachtet.«

Auf diese Weise sollte man das Verständnis üben, dass alle Personen, deren Bewusstseinskontinuum von unserem verschieden ist, seien es gewöhnliche Personen oder Āryas, frei von einem Selbst sind.

In den »Grundversen über den Mittleren Weg, genannt ›Weisheit‹«, heißt es:

> »So wie dich, erkenne alle Lebewesen;
> so wie alle Lebewesen, erkenne alle Phänomene.«

• Die Selbstlosigkeit der Phänomene

Die Phänomene sind die Skandhas, die Elemente, die Sinnesquellen usw. Es ist sehr wichtig, das Verneinungsobjekt, das die angeborene Auffassung von Wahrhafter Existenz bei ihnen wahrnimmt, zu identifizieren, ohne dass es zu umfassend oder zu gering wird. Die Wahrnehmungsweisen wurden bereits erklärt.

Die Methode der Darstellung, dass die Skandhas und die anderen Phänomene aufgrund der Freiheit davon, (inhärent) eins oder viele zu sein, ohne Selbst sind, besteht in der Verneinung der Möglichkeit eines teilelosen Wissensobjekts. Nachdem man durch Argumente nachgewiesen hat, dass etwas, sobald es existiert, auch Teile hat, analysiert man, ob die Teile und das, was Teile hat, von identischer oder verschiedener inhärenter Natur sind, die durch ihre eigenen Merkmale erwiesen ist. Im Falle einer identischen inhärenten Natur, die durch ihre eigenen Merkmale erwiesen ist, wären sie eins, ohne jemals unterscheidbar oder trennbar zu sein; und im Falle verschiedener inhärenter Naturen wäre widerlegt, dass sie miteinander verbunden sind. Auf diese Weise ist weder eine identische noch eine verschiedene inhärente Natur erwiesen.

Die Art und Weisen des Freiseins von inhärenter Natur entsprechen den Erklärungen im Kapitel über die Selbstlosigkeit der Person; man sollte sie kennen lernen, indem man einfach das Bezugsobjekt wechselt.

Nun die Methode zur Darstellung der Freiheit von inhärenter Existenz mit Hilfe der Argumente, die auf das Gegenteil gerichtet sind.

– Die Argumente, die auf das Gegenteil gerichtet sind:
Es ist leicht, sich darüber Gewissheit zu verschaffen, dass die Skandhas und alles andere, was in äußeren und inneren Beziehungen zueinander steht, in Abhängigkeit entsteht. Es ist unmöglich, dass dabei dieselbe Basis eine erwiesene inhärente Natur hätte. Denn was von inhärenter Natur erwiesen ist, steht im Widerspruch dazu, von etwas anderem abhängig zu sein; und was in Abhängigkeit entsteht, hängt von anderem ab, beruht auf anderem.

Zum Beispiel muss die Reflexion in einem Spiegel entstehen, indem sie auf vielen äußeren und inneren Ursachen und Umständen beruht. Wenn sie eine eigenständige, aufzeigbare inhärente Natur hätte, dürfte sich der Geist, dem sie erscheint, in seinem Erscheinungsobjekt nicht täuschen; Erscheinungsweise und Bestehensweise der Reflexion müssten gleich sein; die Erfahrung zeigt jedoch, dass diese Gleichheit unhaltbar ist. Man sieht am Beispiel der Reflexion, dass abhängiges Entstehen und ein Erwiesensein mittels inhärenter Natur nicht dieselbe Basis haben können. Sobald man versteht, dass (die Reflexion) abhängig entsteht und frei davon ist, von inhärenter Natur erwiesen zu sein, wendet man das auf alle Phänomene an.

Es gibt zwei Fehlermöglichkeiten für das Verständnis der reinen Sichtweise der Selbstlosigkeit: Die Sichtweisen der Beständigkeit und des Nihilismus.

Dadurch, dass das abhängige Entstehen der äußeren und inneren Phänomene gültig erwiesen ist, werden alle Sichtweisen des Nihilismus bei weitem überwunden; und wenn man bei einer Reflexion sieht, dass abhängiges Entstehen und Erwiesensein von inhärenter Natur nicht dieselbe Basis haben können, werden alle Sichtweisen der Beständigkeit bei weitem überwunden. Deshalb wird das abhängige Entstehen als König der Argumente gepriesen.

Im »Sūtra über die Fragen des Nāgakönigs Anavatapta« heißt es:

»Was aus Umständen geboren wird, ist ungeboren:
es hat kein Geborenwerden aus seiner Essenz heraus.

Was von Umständen abhängt, wird als leer erklärt,
das Kennen der Leerheit ist Achtsamkeit.«

und im »Eintritt in den Mittleren Weg«:

> »Weil die Dinge in Abhängigkeit entstehen,
> sind diese Konzepte (von inhärenter Existenz) nicht anwendbar.
> Deshalb werden durch die Argumente des abhängigen Entstehens
> die Netze aller schlechten Sichtweisen abgeschnitten.«

Das war eine kurze Erklärung, wie man die Selbstlosigkeit der Person und der Phänomene mit Hilfe von Argumenten analysiert und darüber meditiert.

Diese Art der Leerheit, die sich auf die inhärente Existenz von Personen und Phänomenen bezieht, durchdringt unterschiedslos alle Phänomene von der Form angefangen bis hin zur Allwissenheit. Es handelt sich also um kein bloßes angelegentliches Leersein – es ist umfassende Leerheit.

Auch handelt es sich nicht um ein Leersein, das vom Geist erzeugt wäre, etwa, dass das, was vorher nicht von inhärenter Natur leer war, durch die Argumente zerstört und dadurch zur Leerheit geworden wäre – es ist eine Leerheit von Anbeginn.

Wenn man die Leerheit so darlegt, handelt es sich um keine nihilistische Leere, in der man das Hervorbringen eines Ergebnisses nicht gültig festlegen könnte – es ist eine Leerheit, die mit allen höchsten Formen ausgestattet ist.

Es handelt sich nicht um eine Leerheit jenseits der Objekte des Geistes, die nicht zu erkennen, nicht zu begreifen, nicht zu verstehen wäre und auch nicht um ein Leersein, dessen Verständnis und Verinnerlichung sinnlos wären – denn indem man sie versteht und verinnerlicht, wird man von den zwei Schleiern zusammen mit ihren Geisteseindrücken befreit; dadurch gewährt sie uns den Zustand der Befreiung und der Allwissenheit, sie ist der eine Weg, der mittels der Drei Fahrzeuge zurückgelegt wird.

(Nach der Analytischen Meditation nun) die Art und Weise, wie man die Vertiefende Meditation übt.

– Vertiefende Meditation:
So wie oben erklärt, ist es nicht angemessen, (1.) den Geist, der sich zum Selbst, dem Verneinungsobjekt, hin bewegt, lediglich nach innen zurückzuziehen; (2.) eine bloße Konzeptlosigkeit bewahrend zu meditieren, in der es keine Vorstellungen von existierend oder nicht existierend, von sein oder nicht sein gibt; oder (3.), wenn man die Freiheit von inhärenter Existenz durch die logische Analyse gefunden hat, dann etwas anderes zu meditieren.

Alle vier Thesen, die der Ārya (Nāgārjuna) gelehrt hat – also dass es kein Entstehen aus sich selbst (aus etwas anderem, beiden oder weder noch) gibt –, sind ausschließlich nicht-bestätigende Verneinungen. Darin stimmen alle großen Wegbereiter in ihren Gedankengängen überein, als sprächen sie mit einer Stimme.

Das heißt, zu der Zeit, da man über die Sichtweise der Selbstlosigkeit meditiert, macht man sich sorgfältig klar, wie die angeborene Selbst-Auffassung bei einem beliebigen Bezugsobjekt ihre Wahrnehmungsweise entwickelt; sodann bewahrt man das Bezugsobjekt in der Form der nicht-bestätigenden Verneinung, durch die das Objekt dieser Wahrnehmungsweise widerlegt wird. Das ist der Kernpunkt und etwas anderes ist nicht richtig.

Um das am Beispiel der Meditation über die Selbstlosigkeit der Person zu illustrieren: Beim bloßen Selbst ist das Objekt der Wahrnehmungsweise der angeborenen Selbst-Auffassung die inhärente Natur, die eigenen Merkmale, das von seinem Wesen her Erwiesensein usw. Deshalb ist es wichtig, sich niemals von der Gewissheit zu trennen, die die nicht-inhärente Natur der Basis, der Person, sieht.

Einige Personen sagen:»Wenn man sagt, ›das Selbst hat keine eigenständige Natur‹, so sind das nur allgemeine Worte; deshalb sollte man über Aussagen meditieren wie: ›Das Selbst ist nicht in dieser (Weise) vorhanden‹, ›es ist nicht so vorhanden‹, ›es ist nicht so vorhanden, wie es erscheint.‹«

Analysieren wir diese Behauptung: Wenn beim Selbst als Basis das Allgemeinbild des Verneinungsobjekts, so wie es oben erklärt wurde, klar geworden ist und man dann die Vorstellung bewahrt, dass dieses Selbst als Basis keine eigenständige Natur hat, so sind das nicht nur allgemeine Worte; wenn jedoch das Allgemeinbild des Verneinungsobjekts nicht klar geworden und sorgfältig identifiziert worden ist, wie könnten »nicht in dieser (Weise) vorhanden« usw. mehr als bloße allgemeine Worte sein? Von daher muss das endgültige Objekt der Sichtweise die eigentliche Natur dieses oder jenes Objekts, dessen Dharmatā, dessen Bestehensweise, dessen absolute Wahrheit usw. sein. Wenn man es so interpretiert, passt es zum Wortlaut aller Schriften, die das Tiefgründige lehren.

Nun zur Art und Weise, wie man die Geistige Ruhe verwirklicht, die auf eine solche Selbstlosigkeit der Person oder der Phänomene gerichtet ist.

– (Wie man Geistige Ruhe verwirklicht:)
Man sorgt dafür, dass man die Voraussetzungen für die Geistige Ruhe hat (Zufriedenheit usw.). Wenn man dann seinen Geist dem Bezugsobjekt der Selbstlosigkeit usw. zuwendet, würden Absinken und Erregung die klare und konzeptfreie Konzentration verhindern, die das ist, was zu verwirklichen ist. Deshalb identifiziert man mit Hilfe des aufmerksamen Erinnerns und der Bewusstheit als den Gegenmitteln des Absinkens und der Erregung sogar feines Absinken und feine Erregung und sorgt dafür, dass man nicht unter ihren Einfluss gerät.

Wenn man so meditiert, sind die (Neun) Stufen des geistigen Verweilens wie folgt: Festlegen des Geistes auf diesem oder jenem Objekt; anhaltendes Festlegen; wiederholtes Festlegen; nahes Festlegen; Bezähmen; Befrieden; völliges Befrieden; Einspitzigkeit und Ausgewogenheit.

Sie werden durch die Sechs Kräfte bewirkt und sind mit den Vier geistigen Aktivitäten ausgestattet:

Auf der ersten Stufe wendet man die Kraft des Hörens an, auf der zweiten die Kraft des Nachdenkens und dann auf den jeweils aufeinander folgenden beiden die Kraft des aufmerksamen Erinnerns (3. – 4.), die Kraft der Bewusstheit (5. – 6.) sowie die Kraft der Bemühung (7. – 8.) und auf der neunten Stufe die Kraft der Gewohnheit.

Auf der ersten und zweiten Stufe ist die geistige Aktivität des angestrengten Engagements vorhanden, auf den folgenden fünf Stufen die geistige Aktivität des Engagements mit Unterbrechungen, auf der achten Stufe die geistige Aktivität des zeitweisen Engagements ohne Unterbrechungen und auf der neunten Stufe die geistige Aktivität des spontanen Engagements. Letztere wird auch als »aufgrund der Gewohnheit frei von Handeln« bezeichnet.

Wenn man dann seine Bemühungen, bei denen man sorgfältig darauf achtet, ob bei dem betreffenden Objekt Absinken oder Erregung auftritt, entspannen kann und durch die Gewohnheit körperliche und geistige Gefügigkeit erlangt, ist die Geistige Ruhe verwirklicht.

Es heißt:

> »Wessen Körper und Geist
> große Gefügigkeit erlangt haben,
> wird als ›Person mit geistiger Aktivität‹[68] bezeichnet.«

Nachdem man auf diese Weise die Geistige Ruhe verwirklicht hat, analysiert man so wie zuvor die Bedeutung der Selbstlosigkeit und meditiert in der Ausgewogenheit des Aspekts des Verweilens und des Aspekts der unterscheidenden Weisheit. Dadurch wird man über die frühere Gefügigkeit hinaus als Wirkung der Analytischen Meditation von neuem Gefügigkeit heranziehen können. Das ist der Maßstab dafür, dass man die Besondere Einsicht verwirklicht hat. Geistige Ruhe und Besondere Einsicht sind dann in geistiger Übereinstimmung bzw. als Paar verbunden. So wie es der Gelehrte Shāntipa erklärt hat, werden Geistige Ruhe und Besondere Einsicht miteinander verflochten sein. Zu dieser Zeit wird aus der Meditation die Besondere Einsicht entstehen, die die Leerheit zum Objekt hat.

• Die Praxis nach der Meditation

Nachdem man in dieser Weise mittels der Analytischen und der Vertiefenden Meditation Ausgewogenheit geübt hat, wird die Praxis nach der Meditation gelehrt.

Es heißt:

---

68. ZWISCHEN DEN SITZUNGEN HANDLE
WIE EIN ZAUBERER.

Im Allgemeinen sprechen alle, Buddhisten wie Nicht-Buddhisten, vom bloßen Begriff der Illusion; dabei kann das Beispiel der Illusion richtig oder falsch angewandt sein.

(1) Die falsche Anwendung

Wenn man, ohne den Geist der Soheit zuzuwenden, eine bloße Konzeptlosigkeit bewahrt und dadurch den verweilenden Aspekt gefunden hat, werden im Moment des Aufstehens (von der Sitzmatte) die Wahrnehmungen instabil erscheinen; weiterhin erscheinen in solchen Momenten feste und kräftige Dinge wie Berge, Gebäude, Häuser usw. immateriell und durchscheinend wie Rauch oder Regenbögen – das ist nicht, was in diesem Zusammenhang mit Illusion gemeint ist. Denn hier muss dem Erscheinen als Illusion die Verneinung der Wahrhaften Existenz bei der betreffenden Basis vorausgehen.

Wenn einige frühtibetische Meister Phänomene und Personen als Illusionen bezeichnen, meinten sie damit: So wie zum Beispiel Steinchen und Hölzer, obwohl sie als Pferde und Elefanten erscheinen, leer davon sind, Pferde und Elefanten zu sein, erscheinen Männer, Frauen usw. zwar als Personen, sind aber leer davon, Personen zu sein, und obwohl Skandhas, Elemente, Sinnesquellen usw. zwar als dies oder jenes erscheinen, sind sie leer davon, es zu sein. Und sie bezogen das auf alles in gleicher Weise, auf Träume, auf eine Fata Morgana usw.

(Diese Meister) sollte man fragen:»Was heißt es, wenn man sagt, dass Männer, Frauen usw. leer von diesem oder jenem sind?« Wenn sie antworten:»Dieses und jenes ist bei ihnen nicht vorhanden«, so folgt daraus, dass dann diese Phänomene überhaupt nicht vorhanden sind, denn wenn sie vorhanden wären, müssten sie bei sich selbst vorhanden sein und (nach dieser Auffassung) sind sie es nicht. Sie haben also den Umfang des Verneinungsobjekts nicht erfasst; weil das Allgemeinbild nicht klar geworden ist, haben sie sich in den allgemeinen Worten über die Selbstlosigkeit verirrt und den Sinn dessen, dass (die Phänomene) als Illusionen, Träume usw. gelehrt werden, falsch aufgefasst.

Wenn man, ohne den Umfang des Verneinungsobjekts sorgfältig zu erfassen, das Verneinungsobjekt widerlegt, wird man nicht begreifen, dass die Basis gültig erwiesen ist. Wenn man dann über den Sinn dessen meditiert, dass man auf diese Weise den Analysierenden, die Methode der Analyse usw. überhaupt nicht als etwas Bestimmtes findet, werden die Wahrnehmungen instabil erscheinen. Das ist nicht der Sinn der Illusion; es ist der Fehler dessen, dass sich eine unverrückbare Sichtweise gebildet hat, die

160

die nicht-wahrhafte Existenz versteht und die Erscheinungen unterschätzt.

(2) Die richtige Art und Weise, wie (etwas) als Illusion erscheint

Im »Sūtra über den König der meditativen Festigung« heißt es:

»Wie eine Fata Morgana, eine Gandharva-Stadt,
wie eine Illusion und wie ein Traum –
die Meditation über Merkmale ist von ihrer Essenz her leer.
Erkenne, dass alle Phänomene so sind.«

In den Sūtras über die Vollkommenheit der Weisheit werden alle Phänomene von der Form bis hin zur Allwissenheit als Illusionen usw. bezeichnet. Dabei gibt es zwei Verständnismöglichkeiten: Erstens, dass die absolute Wahrheit als Illusion bezeichnet wird, d. h., dass etwas zwar als bloß existent erwiesen, aber in seiner Wahrhaften Existenz widerlegt wird; oder dass die Erscheinungen als Illusionen bezeichnet werden, die, während sie leer sind, erscheinen. Hier handelt es sich um das letztere Verständnis.

Erklären wir es so, dass es leicht zu verstehen ist: Zur Zeit, da der Zauberer Steinchen und Hölzer als Pferde und Elefanten hervorbringt, sind die Erscheinungen der Pferde und Elefanten durch gültige direkte Sinneswahrnehmung erwiesen, während das Geistbewusstsein die Gewissheit hat, dass sie leer davon sind, so vorhanden zu sein, wie sie erscheinen. Aus dem Zusammentreffen dieser beiden (Wahrnehmungen) erscheinen sie wie eine Illusion. Genauso sind Personen, gewöhnliche wie Āryas, und alle Phänomene wie die Skandhas usw. aufgrund ihrer Funktionen wie des Hervorbringens einer Wirkung usw. vom Gesichtspunkt konventioneller Gültigkeit her einwandfrei erwiesen, während das zuvor erklärte Verneinungsobjekt anhand der jeweiligen Basis von seinen feinen Aspekten her durch das logische Denken widerlegt wird. Aus dem Zusammentreffen dieser beiden erscheinen sie als Illusionen.

Weiterhin, wenn man in der Meditation die Leerheit bewahrt, die wie der weite Raum ist, und dabei den Kernpunkt trifft, werden, wenn man sich daraus erhebt, die Wahrnehmungen der Objekte wie Illusionen erscheinen. Deshalb ist es nicht notwendig, nach einer davon getrennten Methode zu suchen.

Für einen Anfänger werden sich zu Beginn Verneinungsbasis und Verneinungsojbekt vermischen und er wird sie nicht getrennt wahrnehmen können. Die Erscheinung als Illusion ist dann zu schwach. Wenn man sich wie zuvor über lange Zeit daran gewöhnt, ohne sich von den Hilfsmitteln der Gewöhnung und der Umstände zu trennen, wird man den Geist, der den Sinn der Leerheit fehlerfrei versteht, zur höchsten Vollendung bringen.

Die Unterweisungen des großen Bodhisattva Tschäkhawa über die Übung des kostbaren Bodhicitta, die große mündliche Überlieferung des Geistestrainings des Großen Fahrzeugs, »Sonnenstrahlen« genannt, wurde genau den Ratschlägen des großen Dharmakönigs Tsongkhapa gemäß zusammengestellt, jenes großen Bootsführers, der Meisterschaft in den ozeangleichen Schriften des Sugata erlangt hat. Die feinen Kernpunkte sollte man zusammen mit allen Detailanalysen anhand der Methode des »Stufenwegs zur Erleuchtung« zu verstehen suchen, den der verehrte Lehrer selbst verfasst hat.

Die besondere Ursache für die Verwirklichung der Allwissenheit,
das einzige Eintrittstor zum Großen Fahrzeug,
einem Feuer gleich, das das Dickicht der Fehler verbrennt,
die Quelle aller guten Ansammlungen, ein Juwelenschatz –

das ist Bodhicitta. Wie man sich darin übt,
darüber hat Śākyamuni, der höchste Lehrer, gesprochen.
Seine Hauptschüler Maitreya und Mañjuśrī,
die Wegbereiter Nāgārjuna und Asaṅga,

Śāntideva und der glorreiche Atīśa
haben es in ihrem Geist entwickelt und mündlich weiter überliefert.
Die Linie fiel dem Bodhisattva Tschäkhawa zu.
Das kostbare Bodhicitta, das in ihm geboren wurde,

die Methode, es dem Bewusstseinsstrom einzuprägen:
die Vier Vorbereitungen,
die Art und Weise, im Hauptteil
die beiden Bodhicitta-Arten zu üben,
die gemeinsamen und speziellen Traditionen der einzelnen

großen Wegbereiter –
sie hat er klar erläutert.

Im Besonderen die Tradition des höchsten Ārya Śāntideva,
die Übung des Bodhicitta mittels des Austauschens
von sich selbst und anderen
sowie das Geistestraining des Bodhisattva Tschäkhawa,
diese beiden zu einem verbindend ist die Methode,

den vollständigen Weg und auch die feinen Hilfsmittel dabei zu
üben; die klare Erläuterung gemäß dieser (Methode), so wie sie ist,
ist die unvergleichliche Besonderheit dieser Unterweisungen.
Was dabei gut erklärt wurde,
ist der Güte des Lamas (zuzuschreiben).

Der Gedankengang der Buddhas und Bodhisattvas
ist schwer zu ermessen;
wenn es durch meine schwache Verstandeskraft
und meinen geringen Eifer
nicht oder falsch Erklärtes gibt,
lege ich das von Herzen vor denen offen,
die über das Auge des Dharma verfügen.

Was ich durch diese Bemühung an Heilsamem
gesammelt habe, durch diese Kraft
mögen ich und ausnahmslos alle Lebewesen,
dem weiten Raum gleich,
niemals vom Bodhicitta getrennt sein.

Möge ich durch diese Kraft, solange der Daseinskreislauf existiert,
dadurch, dass ich sie mit Körper, Sprache oder Geist sehe, sie höre,
an sie denke oder sie berühre,
allen Wesen der Drei Existenzbereiche Glück und Nutzen bringen
und zur Ursache dafür werden,
dass ihr Leid ausnahmslos beseitigt wird.

Diese Erklärung der großen mündlichen Überlieferung des Geistestrainings des Großen Fahrzeugs, »Sonnenstrahlen« genannt, wurde aufgrund
inständiger Bitten von vielen, die große Hingabe zu diesem Weg haben,

von dem Halter der Schriftabteilungen Namkha Päl in Yang-en Rinchen Ling verfasst. Er selbst hatte sich als seinem Kronjuwel 12 Jahre lang auf den König des Dharma, Je Tsongkhapa, in Gedanken und Taten gestützt, wie es sein sollte; dadurch hat er viele Schriften des Sūtra und Tantra gehört.

Anhang 1: Anmerkungen

Konsultiert wurden hierzu neben Geshe Thubten Ngawang aus Hamburg gelegentlich auch Dagpo Rinpoche aus Paris, Panglung Rinpoche aus München und Geshe Tamdrin Gyatso aus Menorca. Ihnen allen herzlichen Dank!

1 Das »Ursachenfahrzeug« ist eine Bezeichnung für das allgemeine Große Fahrzeug, in dem die Sechs Vollkommenheiten als Ursachen der Erleuchtung geübt werden. Das »Wirkungsfahrzeug« bezieht sich innerhalb des Großen Fahrzeugs auf die spezielle tantrische Methode, bei der man sich vorstellt, schon jetzt im Genuss der Wirkung der Buddhaschaft zu sein.

2 Die Drei Wegbereiter des Geistestrainings sind Nāgārjuna, Asaṅga und Śāntideva.

3 Der Sanskritname Amṛta (»Nektar«) bedeutet bereits »Todlosigkeit«.

4 Nach Dagpo Rinpoche handelt es sich um »gla rtsi«, Moschus.

5 Gewöhnliche Lebewesen sterben und wandern in eine neue Existenz durch die Kraft ihres Karma und ihrer Leidenschaften. Diese beiden Faktoren sind bei den Arhats und den Bodhisattvas der reinen Hohen Ebenen überwunden. Bei ihnen sind es die feinen »Verdunklungen des Wissens« (shes sgrib), die als sog. feiner Todesherr ('chi bdag phra ba) zum »Todestransfer durch unvorstellbare Veränderung« (bsam gyis mi khyab par bsgyur ba'i 'chi 'pho ba) führen.

6 Tibetisch gNas brtan Yan lag 'byung. Die Lebensgeschichte und Ikonographie dieses mythisch unsterblichen Buddhaschülers findet sich in Loden Sherap Dagyab, Tibetan Religious Art, Part I, Wiesbaden 1977, S. 72 – 75.

7 dang tshugs – nicht ganz klar. Nach Dagpo Rinpoche vermutlich »stabile Praxis«.

8 Die Acht Verse des Geistestrainings von Geshe Langri Thangpa finden sich in Dalai Lama, Den Geist erwecken, …, Knaur, München 1996.

9 gZho'i khang pa gnas ist ein Ort in der 'Phan-po-Region in der Nähe von Lhasa (Panglung Rinpoche).

10 Śrāvakabhūmi, tib. nyan thos kyi sa. Ein Text von Asaṅga, in dem es vor allem um die Śamatha-Meditation geht.

11 Das heißt, die Bittgebete werden mit drei Wünschen verbunden:
   a) dass alle falschen Gedanken im eigenen Geist beendet werden
      (phyin ci log gi blo sna mtha' dag rang gi rgyud la 'gags pa);
   b) dass alle richtigen Gedanken im eigenen Geist entstehen
      (phyin ci ma log pa'i blo sna mtha' dag rang gi rgyud la skye ba);
   c) dass alle äußeren und inneren Hindernisse befriedet werden
      (phyi nang gyi bar chad thams cad nye bar zhi ba).

12 Bhadracaripraṇidhāna, das Wunschgebet des Samantabhadra, gehört zu den fünf wichtigsten Wunschgebeten.

13 Der vierte Kontinent Uttarakuru gilt nach der altindischen Kosmologie aufgrund der Ablenkung durch zu großen Reichtum für wenig geeignet.

14 Geshe Thubten Ngawang erzählt diese Geschichten aus dem Gedächtnis wie folgt:

a) Die Erde öffnet sich, ein roter Wurm richtet sich auf und macht Niederwerfungen. Die wertvolle Menschenexistenz ist genauso unwahrscheinlich.

b) Ein lahmer, blinder Mann läuft mühsam ohne Hilfe einen Weg entlang und fällt in einen Abgrund. Er landet auf einem schlafenden Wildesel, der natürlich erschreckt davonläuft. Der Mann hält sich an der Mähne fest und singt zufrieden. Andere sehen ihn und rufen ihm zu:»Du wirst herunterfallen und sterben«, aber der Blinde ruft zurück:»Heute kann ich auf einem Esel reiten; heute bin ich glücklich!« Die wertvolle Menschenexistenz ist für uns genauso eine ganz besondere und seltene Gelegenheit.

c) Ein Mann aus Tsang in Südwesttibet isst einen guten Fisch, eine für ihn sehr ungewöhnliche Sache. Er findet ihn so schmackhaft, dass er viel zu viel davon isst und nun in Gefahr ist, sich zu erbrechen. Da bindet er sich mit einem Schnürsenkel den Hals zu, damit er diesen guten Fisch nicht erbricht. In gleicher Weise sollen wir auf unsere wertvolle Menschenexistenz aufpassen und nichts davon vergeuden.

d) Während einer Hungersnot hat die Familie einmal Gerstenbrei zu essen. Ein Kind will besonders schlau sein, legt sich etwas zur Seite und versucht, bei allen anderen noch etwas zu bekommen. Inzwischen isst der Hund die aufgesparte Portion und das weinende Kind bleibt letztlich hungrig. Genauso sollen wir die Möglichkeiten zur Dharmapraxis, die wir jetzt haben, lieber sofort nutzen.

15 Nach indischer Weltvorstellung war am Anfang dieses Zeitalters die Lebensspanne sehr lang, jetzt beträgt sie hundert Jahre und am Ende wird sie nur noch zehn Jahre betragen.

16 d. h. Karma für eine neue Geburt

17 Gemeint ist wohl: Wenn man sich durch eigene heilsame Geisteseindrücke mit den Wunschgebeten der Buddhas in Verbindung setzt, können ihre gute Qualitäten auf uns wirken (Geshe Thubten Ngawang).

18 Auf dem Rücken liegen ist ein Symbol für die glücklichen Daseinsbereiche, auf dem Bauch liegen eines für die niedrigen Daseinsbereiche (Geshe Thubten Ngawang).

19 Die drei Arten von Verdienst sind diejenigen, die durch Freigebigkeit, Ethik und Meditation entstanden sind.

20 Am Ende eines jeden der vorbereitenden Themen wurde darauf hingewiesen,

dass die beste Art, daraus die Konsequenz zu ziehen, in der Übung des Bodhicitta und damit im Großen Fahrzeug liegt.

21 Vaiśravaṇa (rnam thos sras) ist eine Reichtumsgottheit.

22 Die kostbare Menschenexistenz ist so kurz wie ein Daumen, darum muss man gut auf sie aufpassen (Geshe Thubten Ngawang).

23 Übersetzung dieser Passage nach Panglung Rinpoche.

24 Übersetzung dieser Passage nach Panglung Rinpoche.

25 Upādyāya und Ācārya sind Lehrer mit bestimmten Funktionen bei der Erteilung der Ordination von Mönchen und Nonnen.

26 Pal ldan lha mo, eine Schutzgottheit.

27 d. h. den Buddhas (Geshe Thubten Ngawang)

28 bdud, Māra. Die Mehrzahl dieser »Dämonen des Geistes« bezeichnet Hindernisse, die dem eigenen Geist entspringen. Eine ausführliche Darstellung findet sich in Pältrül Rinpoche, »Dämonen des Geistes«, Langenfeld 1995.

29 Vidyā (rig sngags) bezieht sich auf gewöhnliche Vollkommenheiten wie die des Schwertes usw. (Panglung Rinpoche)

30 Als Gefäß (snod) wird die äußere Welt bezeichnet, in der sich Lebewesen und Buddhas als der Inhalt (bcud) der Welt befinden. Da Buddhas nicht als Lebewesen, jedoch zu bcud zählen, erscheint die oft gewählte Übersetzung »Lebewesen und Umwelt« hier nicht präzise genug.

31 smon lam gcig tu byas pa'i grogs, Freunde, mit denen sie ihre Wunschgebete teilen: Das sind die Freunde, die als Inspiration und Stütze auf dem Weg zum gemeinsamen Ziel dienen können.

32 Das Anrufen der Wahrheit ist eine übliche Praxis, die in etwa bedeutet: »Möge durch die Wahrheit des Segens der Drei Juwelen, durch die Wahrheit meiner guten Motivation und durch die Wahrheit der Leerheit, der letztendlichen Realität, der Geist dieser Wesen Befriedigung finden.« (Geshe Thubten Ngawang)

33 Joghurt, Butter und Milch

34 (weißer) Kristallzucker, (brauner) Rohrzucker, Honig

35 gnas skabs su, für den Augenblick, bezieht sich auf das vorübergehende Glück im Daseinskreislauf, das als Basis für das Erlangen des endgültigen Glücks notwendig ist.

36 Bestimmte Aspekte der Niederwerfungsgeste stehen in einem Ursache-Wirkungszusammenhang mit bestimmten Aspekten in der Buddhaschaft (Geshe Thubten Ngawang).

37 rab bdun, »die Sieben Besten« sind nach Geshe Thubten Ngawang die Sieben früheren Buddhas.

38 tib.: pham pa

39 Mahoraga (tib. lto 'phye chen po) bezieht sich auf eine Gattung der Hunger-geister (Panglung Rinpoche).

40 aus dem »Kostbaren Kranz von Ratschlägen für den König« von Nāgārjuna.

41 aus dem regelmäßigen Bekenntnis des Saṃvara-Rituals.

42 aus dem »Eintritt in das Leben zur Erleuchtung« von Śāntideva.

43 lhag bsam, die Außergewöhnliche Geisteshaltung, ist die Übernahme der Ver-antwortung: Ich werde dafür sorgen, dass die Lebewesen glücklich und frei von Leid sind. Sie ist der sechste Punkt der »Siebenfachen Unterweisung von Ursa-che und Wirkung«.

44 d. h., im Sinne der vollen Entfaltung der Buddhanatur.

45 vgl. Anmerkung 30.

46 Tormas waren in Indien ursprünglich Getreidefladen, die als Opfergaben ver-wendet wurden; jetzt in Tibet sind es oft kunstvoll gestaltete, zumeist kegel-oder pyramidenförmige Opfergaben aus Gerstenmehlteig mit großer symboli-scher Bedeutung.

47 Als Ergebnis der Anhaftung an seine Bettelschale wurde der Bhikṣu sofort als Wurm in der Bettelschale wieder geboren und brannte im Feuer der Wut. Bei der Feuerbestattung der Leiche des Bhikṣus verbrannte der Wurm lebendig mit und wurde im Feuer der heißen Höllen wieder geboren (nach Geshe Thubten Ngawang).

48 d. h. Halter der ethischen Vorschriften des Buddha, insbesondere der Mönchs-, Nonnen- oder Laiengelübde.

49 Durch die Übersetzung konnte die festgelegte Versform des Tibetischen, die aus sieben Silben besteht, nicht beibehalten werden.

50 vgl. Anmerkung 25.

51 tib. gsar sngas: Freude auf Neues, Anfängerbegeisterung, Euphorie.

52 Im Tibetischen ist die Silbenzahl der Merkverse in diesem Abschnitt nicht fest-gelegt, sondern frei (die Anzahl der Silben wechselt).

53 Als Mischung zwischen Yak und Rind ist ein Dzo wesentlich kräftiger als ein Ochse.

54 chags thogs med par – Interpretation nach Geshe Thubten Ngawang.

55 Gemeint ist das Bild eines Fischers, der sich beim Tempelbesuch der buddhis-tischen Gemeinde zugehörig fühlt, aber als Fischer Buddhas Lehre völlig ent-gegenlebt: Beim Fischfang sterben viele kleine Tiere mit wenig essbarer Sub-stanz auf besonders schmerzhafte Weise. Somit steht Fischen in besonders kras-sem Widerspruch zu Buddhas Lehre, anderen Wesen keinen Schaden zuzufü-gen.

56 Sukhāvati, bde ba can, das Reine Land des Buddha Amitābha.

57 wörtlich: »Ein Lehrer, bei dem kein Hund zwischen die Menschen kommen kann«.

58 Atīśa und Dromtönpa hatten eine sehr enge und erfolgreiche Lehrer-Schüler-Verbindung. Ihre Biografien finden sich in L. S. Dagyab, »Aus dem Leben der alten Kadam-Meister«, Heft 1 und 2, Langenfeld 1991.

59 vgl. Anmerkung 28.

60 Analytische Meditation (dpyad sgom) und Vertiefende Meditation ('jog sgom) werden nacheinander bei jeder Meditation angewandt, die zum inneren Verständnis bestimmter Inhalte dient.

61 tib. rig pa

62 Über das hinaus, was wirklich vorhanden ist (Existenz), wird von unserem Geist eine »Wahrhafte Existenz« projiziert, die das eigentliche Verneinungsobjekt darstellt.

63 Diese drei Wahrnehmungsweisen sind: die angeborene Selbst-Auffassung, die intellektuell fabrizierte Selbst-Auffassung und die Wahrnehmung des Ich als bloße Benennung.

64 Die Selbstlosigkeit der Phänomene hat bei einer Reflexion die gleiche Natur wie bei einer Vase, aber bei Reflexionen ist sie leichter zu erfassen.

65 bcos min, hier als »spontan« übersetzt, bedeutet wörtlich »nicht-künstlich«.

66 das Gegenstück (zla) zu Vase ist laut Geshe Thubten Ngawang »Nicht-Vase«.

67 Die Vorstellung ist das Ich im eigenen Bewusstseinsstrom; der Aspekt ist die Eigenschaft, dass es durch seine eigenen Merkmale erwiesen ist.

Oben (Seite 148 bei: – Unser eigenes System) wurde auf die Erklärungen in Candrakīrtis Kommentar zu seinem »Eintritt in den Mittleren Weg« verwiesen, in dem es heißt, dass man sich auf ein Selbst bezieht, das in Abhängigkeit benannt ist.

68 Die Logik hier soll die Absurdität veranschaulichen, bei Dingen von verschiedenem Wesen irgendeinen Zusammenhang zu postulieren. Es ist eine Tatsache, dass wir immer von Zusammenhängen zwischen Basis und Benennung ausgehen, d. h., dass es keinen Sinn macht, die Bezeichnung unabhängig von der Basis zu wählen.

69 »Durchdringendes« (khyab byed) und »Durchdrungenes« (khyab bya) sind Begriffe aus der Logik. Die Person (»Durchdrungenes«) ist das, was von dem Argument (»Durchdringendes«), dass sie notwendig identisch mit den Skandhas oder verschieden von ihnen sein muss, deckungsgleich durchdrungen wird – wir haben gesehen, dass es keine weitere Alternative gibt.

70 Der Ausdruck yid la byed dang bcas, »Person mit geistiger Aktivität«, bezieht sich nach Geshe Thubten Ngawang auf die Vorbereitungsstufe (nyer bsdogs) zur ersten meditativen Versenkung (dhyāna, bsam gtan).

Anhang 2: Glossar

Mp: wörtliche Zitate aus Mi pham 'Jam dbyangs rnam rgyal rgya mtsho: mKhas pa'i tshul la 'jug pa'i sgo zhes bya ba'i bstan bcos, Delhi 1987.

Acht Arten des Leidens (sdug bsngal brgyad): Geburt; Alter; Krankheit; Tod; Getrenntsein von Geliebtem; Befallenwerden von Unerwünschtem; Nicht-Finden von Gewünschtem trotz Bemühung; kurz: die befleckten Fünf Skandhas sind Leiden, weil sie einen schlechten Zustand darstellen (Mp, S.78).

Acht Bewusstseinsarten (rnam shes tshogs brgyad): die Fünf Sinnesbewusstseinsarten, das Geistbewusstsein, leidenschaftsverbundener Geist und das Bewusstsein »Basis von allem«.

Acht Nebenkontinente (gling phran brgyad): Nach indischer Kosmologie wird jeder der Vier Hauptkontinente von zwei Nebenkontinenten flankiert.

Acht Qualitäten des Liebe-Dharmas (byams chos yon tan brgyad): Götter und Menschen werden liebevoll, man wird von den Halbgöttern geschützt, geistiges Glück vermehrt sich, körperliches Glück vermehrt sich, durch Gift erleidet man keinen Schaden, Waffen verletzen einen nicht, man erreicht die Ziele mühelos, man wird in der Brahmawelt geboren (Mp, S.147).

Acht Qualitäten des Wassers (chu'i yon tan brgyad): kühl, wohlschmeckend, erfrischend, sanft, klar, wohlriechend, für Kehle und Magen unschädlich.

Acht ungünstige Umstände (Aṣṭāvakṣaṇāḥ, mi khom pa brgyad):
1. Geburt als Höllenwesen
2. Geburt als Hungergeist
3. Geburt als Tier
4. Geburt als langlebiger Gott
5. Geburt bei unwissenden Völkern in abgelegenen Gegenden
6. Geburt zu einer Zeit, in der die Buddha-Lehre nicht existiert
7. Geburt mit defekten Denk- oder Sinnesfähigkeiten
8. Geburt als eine Person mit falschen Ansichten

Acht weltliche Phänomene (Aṣṭa Lokadharmāḥ, 'jig rten chos brgyad): Gewinn und Verlust, guter und schlechter Ruf, Lob und Tadel, Glück und Unglück.

Alleinverwirklicher (Pratyekabuddha, rang rgyal, rang sangs rgyas): Er strebt ebenso wie der Hörer die persönliche Befreiung aus dem Daseinskreislauf als Hauptziel an. Im Vergleich zu diesem besitzt er jedoch eine größere geistige Kraft. Diese ist so groß, dass er einhundert Zeitalter lang Verdienste ansammelt, um schließlich seine Erleuchtung zu erlangen.

Allwissenheit (Sarvajñatva, thams cad mkhyen pa nyid): Das Erkennen aller Phänomene so, wie sie sind. Die Allwissenheit ist ausschließlich Eigenschaft eines vollkommenen Buddha.

Analytische Meditation (dpyad sgom): Ein Meditationstyp, bei dem man ein gegebenes Thema von allen Seiten her überdenkt und analysiert.

Arhat (dgra bcom pa): Wörtlich »Feindzerstörer« – jemand, der alle Leidenschaften endgültig überwunden und die völlige Loslösung aus dem Daseinskreislauf erlangt hat.

Ārya ('phags pa): Jemand, der die Ichlosigkeit oder Leerheit direkt und unbegrifflich erfasst und damit – entsprechend seinen vorangegangenen Übungen – den Pfad des Sehens des Großen oder Kleinen Fahrzeugs erlangt hat.

Asaṅga (Thogs med) (ca. 310 – 390): Dieser indische Yogi und Philosoph gilt als Wegbereiter der Cittamātra-Philosophie. Zwölf Jahre lang meditierte er über den Buddha Maitreya. Schließlich hatte er eine Vision, während der Maitreya ihn fünf Werke lehrte, die er schriftlich niederlegte. Asaṅga war der Bruder von Vasubandhu.

Aśvaghoṣa (rTa skad): auch Āryaśūra ('Phags pa dpa' bo) genannt, lebte vermutlich um 100 n. Chr. in Indien, Autor einer der bekanntesten Lebensgeschichten des historischen Buddha, Buddhacarita.

Atīśa (Jo bo rje dpal ldan a ti sha) (982 – 1054): bengalischer Meister, der unter großen Mühen die Lehren über die Entwicklung des kostbaren Bodhicitta vom indonesischen Meister Serlingpa nach Indien brachte. Später ging Atīśa nach Tibet, um dort den Buddhismus neu zu inspirieren. Sein Hauptschüler war Dromtönpa.

Avīci-Hölle (mnar med): die schlimmste der Acht heißen Höllen.

Bardo (Antarābhava, bar do): allgemein: »Zwischenzustand«; im engeren Sinn die Existenzform zwischen dem Tod und der nächsten Wiedergeburt.

Besondere Einsicht (Vipaśyanā, lhag mthong): Hiermit ist eine besondere Form der Einsicht in die Leerheit gemeint. Sie entsteht, wenn man die auf die Leerheit gerichtete Analytische Meditation mit Geistiger Ruhe verbindet und aufgrund der analytischen Kraft eine körperliche und geistige Beweglichkeit erlangt, die zu Glückseligkeit führt.

Bhāvaviveka (legs ldan 'byed): Maßgeblicher indischer Lehrmeister des Svātantrika-Madhyamaka.

Bhikṣu (dge slong): vollordinierter Mönch.

Bodhicitta (byang chub kyi sems): wörtlich »Erleuchtungsgeist«; konventionelles Bodhicitta ist das Streben nach Buddhaschaft zum Wohle anderer, d. h. um allen Lebewesen in bestmöglicher Weise aus ihren Leiden helfen zu können; absolutes Bodhicitta bezieht sich auf die Erkenntnis der Leerheit.

Bodhisattva (byang chub sems dpa'): ein »Mutiger, dessen Wille auf die Erleuchtung gerichtet ist«. Ein Bodhisattva ist in all seinem Handeln von Bodhicitta durchdrungen. Er ist jemand, der stets die höchste Erleuchtung eines Buddha anstrebt, um allen Lebewesen helfen zu können, und der zu diesem Zweck insbesondere die Sechs Vollkommenheiten des Großen Fahrzeugs übt.

Brahmawelt (tshangs pa'i 'jig rten): Bereich oberhalb des Berges Meru unter der Herrschaft des Gottes Brahma; hier leben die Götter der ersten meditativen Versenkung des Formbereichs (vgl. Zwölf Klassen der Götter des Formbereichs.)

Buddhaschaft (sangs rgyas kyi go 'phang): der höchste von einem Lebewesen zu erreichende Zustand. Man erlangt die Buddhaschaft, indem man den Pfad eines Bodhisattva zu Ende geht und damit schließlich Allwissenheit und die Freiheit von allen Fehlern erlangt. Im Zustand der Buddhaschaft hat man nicht nur die eigene höchste und dauerhafte Glückseligkeit erreicht, sondern wirkt gleichzeitig auch in höchstem Maß zum Wohle aller anderen Wesen.

Candrakīrti (zla ba grags pa): indischer Meister des 6. oder 7. Jh. n. Chr., der Nāgārjunas Darlegung der Madhyamaka-Philosophie erläuterte. Er gilt als Begründer des Prasaṅgika-Madhyamaka.

Daseinskreislauf (Saṁsāra, 'khor ba): der Fortbestand unserer leidhaften geistigen und körperlichen Skandhas als ein Resultat von verunreinigten Handlungen und Leidenschaften. Daher ist der Daseinskreislauf in seinem Wesen das Leiden an mangelnder Freiheit und Selbstbestimmung.

Definitiv Gutes (nges par legs pa): das persönliche Nirvāṇa oder die vollkommene Erleuchtung eines Buddha.

Dhāraṇī-Mantra (gzungs sngags): hier gleichbedeutend mit Mantra.

Dharma (chos): die wörtliche Bedeutung ist »halten, tragen«. In einer der verschiedenen Anwendungen dieses Wortes werden alle Phänomene, d. h. alle Daseinsfaktoren, Dharmas genannt. Ihr charakteristisches Merkmal ist, dass sie ihre eigene Entität, ihr Sein, tragen. Zum anderen bezieht sich Dharma auf religiöse Lehren und die Erkenntnisse, die dadurch gewonnen werden, denn sie sind das, was einen aus dem unerwünschten Leiden des Daseinskreislaufs heraushält.

Dharma-Anhäufung (Dharmaskandha, chos kyi phung po): Insgesamt besteht die Lehre des Buddha aus 84 000 so genannten »Dharma-Anhäufungen«. Als Anhäufung wird dabei entweder ein bestimmter Umfang oder aber je eine Unterweisung bezeichnet, die zur Überwindung einer der 84 000 Leidenschaften dient.

Dharmakāya (chos sku): Wahrheitskörper; der allwissende und von allen Hindernissen befreite Geist des Buddha. Er ist die höchste Verwirklichung des eigenen Wohls.

Dharmatā (chos nyid): die Natur der Realität, so wie sie ist.

Drei Arten der Ethik (tshul khrims gsum): beim Bodhisattva die Ethik 1. der

Gelübde, 2. des Sammelns heilsamer Handlungen und 3. des Arbeitens zum Nutzen der Lebewesen.

Drei Arten des Leidens (sdug bsngal gsum): offensichtliches Leiden, Leiden der Veränderung, Leiden der Bedingtheit.

Drei Arten von Erleuchtung (byang chub gsum):
1. als Hörer
2. als Alleinverwirklicher
3. als Buddha

Drei Existenzbereiche (khams gsum, srid gsum): die gesamte Welt des Daseinskreislaufs, bestehend aus Begierdebereich, Formbereich und Formlosem Bereich.

Drei Fahrzeuge (Triyāna, theg pa gsum): die Fahrzeuge der Hörer, Alleinverwirklicher und Bodhisattvas.

Drei Geistesgifte (dug gsum): Anhaftung, Hass, Verblendung.

Drei Gelübde (Trisaṃvara, sdom gsum): die Gelübde zur individuellen Befreiung (Mönchs-, Nonnen-, Laiengelübde), die Bodhisattva-Gelübde und die tantrischen Gelübde.

Drei gute Daseinsbereiche (bde 'gro gsum): Götterbereich, Halbgötterbereich und Menschenbereich.

Drei Kostbare Brüder (sku mched rin po che rnam pa gsum): Potowa (Po to ba), Phutschungwa (Phu chung ba) und Tschängawa (sPyan snga ba) sind die drei wichtigsten Linienhalter des Dromtönpa.

Drei Juwelen (Triratna, dkon mchog gsum): Buddha, Dharma und Saṅgha, die Objekte der buddhistischen Zuflucht.

Drei schlechte Daseinsbereiche (ngan 'gro gsum): Bereiche der Höllen, der Hungergeister, der Tiere.

Drei Stufen der Drehung des Dharmarades (chos kyi 'khor lo rim pa gsum): Buddha richtete sich in seinen Lehren nach den unterschiedlichen Veranlagungen der Schüler, sodass in seinen Sūtras drei Lehrzyklen verschiedenen Inhalts unterschieden werden können: Der erste Lehrzyklus handelt von den Vier Edlen Wahrheiten, der zweite Lehrzyklus von der Vollkommenheit der Weisheit und in einem dritten Lehrzyklus wurden z. B. Lehren zur Natur des Geistes in den Vordergrund gestellt. Sie werden von den verschiedenen philosophischen Schulrichtungen unterschiedlich gewichtet. Nach Auffassung des Prāsaṅgika-Madhyamaka zeigt der zweite Lehrzyklus den direkt von Buddha beabsichtigten Sinn, während der erste und dritte Lehrzyklus interpretationsbedürftig sind.

Dreitausendfache Welt (stong gsum): nach altindischer Kosmologie ein Universum, das aus 3 000 000 000 Weltsystemen besteht.

Drei Tore (sgo gsum): Körper, Sprache und Geist sind die Drei Tore, durch die Handlungen begangen werden.

Drei Übungen (Triśikṣā, bslab pa gsum): Ethik, Konzentration und Weisheit.

Drei Zeiten (dus gsum): Vergangenheit, Gegenwart und Zukunft.

Dromtönpa Gyälwäi Dschungnä ('Brom ston rgyal ba'i 'byung gnas) (1004–1065): ein berühmter tibetisch-buddhistischer Laienanhänger. Er war der Hauptschüler von Atīśa und gilt zusammen mit Kutön (Khu ston) und dem Übersetzer Ngog (rNgog lo tsha ba) als Begründer der Kadam-Tradition. Im Jahre 1057 ließ er das Kloster Radeng (Rva sgreng) erbauen, welches sich schnell zum Hauptsitz der Kadampas entwickelte.

Fünf Arten der Degeneration (sñigs ma lnga): Die Fünf Arten der Degeneration, die in der jetzigen Phase der Weltentwicklung im Zunehmen begriffen sind, betreffen Lebensspanne, Leidenschaften, Lebewesen, Zeit und Ansichten.

Fünf extreme Handlungen (Pañcānantaryāṇi, mtshams med pa lnga):
1. den Vater töten,
2. die Mutter töten,
3. einen Arhat töten,
4. den Saṅgha entzweien,
5. den Körper eines Buddhas in schlechter Absicht bluten lassen.

Fünf Pfade (lam lnga): Pfad der Ansammlung, Pfad der Vorbereitung, Pfad des Sehens, Pfad der Meditation und Pfad des Nicht-mehr-Lernens. Es handelt sich um die Abschnitte des Weges zum jeweiligen Ziel der Hörer, Alleinverwirklicher oder Bodhisattvas.

Fünf Skandhas (phung po lnga): fünf Gruppen von körperlichen Aspekten und Teilen, die unsere Person bedingen: das Körperliche, die Empfindungen, die Unterscheidungen, die gestaltenden Faktoren und die sechs Hauptbewusstseinsarten.

Geheimes Mantra-Fahrzeug (Guhyamantrayāna): anderer Name für Tantra-Fahrzeug.

Geistige Ruhe (Śamatha, zhi gnas): Die Natur der Geistigen Ruhe besteht in dem punktförmigen und unabgelenkten Verweilen des Geistes auf einem beliebigen Objekt, wobei dieses Verweilen von der Glückseligkeit der körperlichen und geistigen Beweglichkeit begleitet wird.

Gelübde zur individuellen Befreiung (Pratimokṣasaṃvara, so sor thar pa'i sdom pa): die verschiedenen Arten der Mönchs-, Nonnen- und Laiengelübde.

Geshe (dge bshes): in früherer Zeit ein Ehrentitel für buddhistische Lehrer (Abkürzung von dge ba'i bshes gnyen, kalyāṇamitra); heute ein Titel, der durch Prüfungen erworben wird.

Glückliches Zeitalter (Bhadrakalpa, bskal bzang): das gegenwärtige Zeitalter, in dem nacheinander eintausend Buddhas auftreten werden, um jeweils das Rad der Lehre wieder in Gang zu setzen, wenn die Lehre des vorangehenden Buddha verloschen ist. Buddha Śākyamuni wird als der vierte und Maitreya als der fünfte dieser speziellen Buddhas verehrt.

Götterbereich (deva, lha): innerhalb der sechs Daseinsklassen ein Bereich, der durch die Wirkung heilsamer Handlungen in Verbindung mit Begierde nach Sinnesobjekten oder Anhaftung an meditative Zustände ausgelöst wird. Unterteilung: Sechs Klassen der Begierde-Götter, Zwölf Klassen der Götter des Formbereichs und Vier Phänomen-Bereiche der Formlosigkeit.

Großes Fahrzeug (Mahāyāna, teg pa chen po): Im Gegensatz zu den Schulrichtungen des Kleinen Fahrzeugs besteht bei denen des Großen Fahrzeugs das Ziel der buddhistischen Praxis darin, zum Wohle aller Lebewesen Buddhaschaft zu erlangen. Es zeigt den Pfad der Bodhisattvas. Tantra bezeichnet eine besondere Technik innerhalb des Großen Fahrzeugs.

Hohe Ebene eines Bodhisattva (Bhūmi, sa): siehe Zehn Hohe Ebenen.

Höllenbereiche (Naraka, dmyalba): innerhalb der Sechs Daseinsklassen der Bereich des extremsten Leidens, dessen Erfahrung durch das Vorherrschen der Wirkung starker Aggression im Geist ausgelöst wird. Mythologisch detailliert dargestellt werden unterhalb von Bodhgaya die Acht heißen Höllen, die Acht kalten Höllen und die Vier Höllen, die die heißen Höllen umgeben. Die jeweiligen Leiden dieser Höllen dienen als Meditationsgrundlage. Zusätzlich wird von den gelegentlichen Höllen gesprochen, deren Lokalisation und Leidensform wechselt.

Hörer (Śrāvaka, nyan thos): Hauptziel des Hörers ist die persönliche Befreiung aus dem Daseinskreislauf als Ergebnis des Kleinen Fahrzeugs. Er sammelt auf seinem Weg weniger Verdienste als der Alleinverwirklicher oder gar der Bodhisattva, denn er bringt gerade so viel Geisteskraft auf, wie nötig ist, um drei Lebenszeiten lang den Pfad zu üben. Damit erlangt er die »unterste« Erleuchtung, die in der Lehre Buddhas gelehrt wird.

Hungergeister (Preta, yi-dvags): innerhalb der Sechs Daseinsklassen der Bereich der von Hunger und Durst geplagten Gespenster, die aufgrund des Vorherrschens der Wirkung von Geiz im Geist keine Befriedigung finden können. Mythologisch werden sie in 36 Klassen eingeteilt.

Indra: Götterfürst im Bereich der 33 Götter; vgl. Sechs Klassen der Begierde-Götter.

inhärente Existenz (Svabhāvasiddhi, rang bzhin gyis grub pa): das, was nach dem System der Prāsaṅgika-Madhyamaka-Philosophie durch die Leerheit verneint wird. Candrakīrti, der im 6. Jh. n. Chr. in Indien diese Schulrichtung begründete, beschreibt inhärente Existenz im »Eintritt in den Mittleren Weg« (Madhyamakāvatāra): »Selbst bedeutet inhärente Existenz, ein Sein der Dinge, das

175

von anderem nicht abhängig ist. Dass solches nicht existiert, ist die Ichlosigkeit.«

Jambudvīpa ('dzam bu gling): nach altindischer Kosmologie der südliche Kontinent, auf dem wir leben.

Kadampa (bKa' gdams pa): Meister bzw. Nachfolger der von Atīśa ausgehenden Überlieferung, die sich seit Atīśas Schüler Dromtönpa zu einer besonderen Schulrichtung formierte. Diese Tradition beeinflusste alle bereits bestehenden Traditionen des tibetischen Buddhismus nachhaltig. Der Hauptstrom der Kadam-Lehren ging später in der von Tsongkhapa begründeten Gelug-Tradition auf, die auch als »Neue Kadam-Tradition« bezeichnet wird.

Karma (las): wörtlich »Handlung«, wobei der Ursachen- und Wirkungszusammenhang mit berücksichtigt ist. Denn alle Handlungen, die wir mit Körper, Rede oder Geist tun, hinterlassen Anlagen im Bewusstsein, die je nach Art der Handlung zu glücklichen, leidvollen oder neutralen Erfahrungen führen.

Kleines Fahrzeug (Hīnayāna, theg pa chung ba): der Teil der Lehre des Buddha, der dazu dient, die persönliche Befreiung aus dem Daseinskreislauf zu erlangen. Weil es »nur« die Last der persönlichen Befreiung tragen kann, ist es ein »kleines« Fahrzeug. Das Kleine Fahrzeug unterteilt sich in zwei Pfade, den Pfad der Hörer und der Alleinverwirklicher.

Lama (Guru, bla ma): Lehrer, Lehrerin.

Langri Thangpa (1054 – 1123): ein Kadampa-Lama aus der 'Phan-Region in Zentraltibet, ein direkter Schüler von Lehrern wie Potowa und Chengawa, der gelobt hatte, sein ganzes Leben nur über die Liebe zu allen Lebewesen zu meditieren.

Leerheit (Śūnyatā, stong pa nyid): in den philosophischen Schulen des Großen Fahrzeugs die endgültige Seinsweise alles Existierenden. Nach der Prāsaṅgika-Madhyamaka-Philosophie sind die Leerheit von inhärenter Existenz und die Ichlosigkeit gleichbedeutend. Da die Dinge abhängig existieren, haben sie kein ihnen unabhängig innewohnendes Sein.

Leidenschaften (kleśa, nyon mongs): diejenigen Bewusstseinszustände, deren allgemeines Charakteristikum es ist, das Geist-Kontinuum durch ihr Entstehen in einen äußerst unausgeglichenen, unbeherrschten Zustand zu versetzen. Die wesentlichen sind Hass, Gier und Verblendung. Alle Leidenschaften sind mit der Verkennung der Realität verbunden. In Asaṅgas »Kompendium des Höheren Wissens« werden sie aufgeteilt in sechs Wurzelleidenschaften: Begierde, Hass, Stolz, Unwissenheit, verblendeter Zweifel und leidverursachende Ansichten und zwanzig Nebenleidenschaften: Wut, nachtragende Feindseligkeit, Verbergen der eigenen Fehler, Ärger, Neid, Geiz, Heuchelei, Verhehlen, überhebliche Selbstzufriedenheit, Unbarmherzigkeit, mangelnde Selbstachtung, fehlende Rücksicht, Dumpfheit, Erregung, fehlendes Vertrauen, Faulheit, mangelnde Selbstbeherrschung, Vergesslichkeit, mangelnde Selbstprüfung, Ablenkung. Es heißt, dass sich die Leidenschaften noch weiter in bis zu 84 000 Leidenschaften aufteilen lassen, deren Gegenmittel die 84 000 traditionellen »Dharma-Anhäufungen« darstellen.

Madhyamaka-Philosphie (dbu ma): »der Mittlere Weg«, eine buddhistische Philosophie-Schule, die von Nāgārjuna auf der Grundlage der vom Buddha gelehrten Sūtras über die Vollkommenheit der Weisheit (Prajñāpāramitāsūtra) geformt wurde. In späterer Zeit bildeten sich durch unterschiedliche Interpretationen die Svātantrika- und die Prāsaṅgika-Madhyamaka-Schulen heraus; der vorliegende Text folgt dem Prāsaṅgika-Madhyamaka.

Maitreya (Byams pa): Der Buddha Maitreya wird als der zukünftige Buddha dieses Glücklichen Zeitalters und als Verkörperung der liebevollen Zuneigung aller Erleuchteten verehrt. Er wird die buddhistische Lehre neu in diese Welt bringen, wenn die des Buddha Śākyamuni erloschen ist.

Maṇḍala (dkyil 'khor): 1. Der Palast und die weitere Umgebung von Meditationsgottheiten. 2. Maṇḍala-Darbringung: Die Vorstellung eines völlig gereinigten, mit allen Vortrefflichkeiten ausgestatteten Weltensystems, das man zur Ansammlung von heilsamen Potenzialen den Buddhas und den anderen erhabenen Wesen als Opfergabe darbringt.

Mañjuśrī ('Jam dpal, 'Jam dpal dbyangs): Bodhisattva und Verkörperung des Weisheitsaspektes aller Buddhas. Tsongkhapa gilt als eine Emanation des Mañjuśrī.

Mantra (sngags): 1. im Gegensatz zu Sūtra Abkürzung für Geheimes Mantra-Fahrzeug oder Tantra. 2. eine feststehende Silbenabfolge, die als Gebet eingesetzt wird, um dadurch Vollkommenheiten zu erlangen.

Meru (lhun po, ri rab): nach altindischer Kosmologie der große Berg im Zentrum unseres Weltsystems, um den die Vier Haupt- und die Acht Nebenkontinente gruppiert sind.

Nāga (klu): Wesen, die als Tiere oder Geister betrachtet werden und sich vor allem bei Gewässern und Bäumen aufhalten. Sie können Krankheiten verursachen, aber auch als Schützer der Lehre fungieren.

Nāgārjuna (kLu sgrub): indisch-buddhistischer Meister und großer Tantriker des 2. Jh. n. Chr., der insbesondere die Sūtras über die Vollkommenheit der Weisheit klar erläuterte. Er ist der wichtigste Kommentator innerhalb der Madhyamaka-Philosophie und einer der einflussreichsten Meister innerhalb des Buddhismus.

Nirvāṇa (mya ngan las 'das pa): wörtlich »der Zustand jenseits des Leidens«, bezieht sich auf die Befreiung aus dem Daseinskreislauf. Es wird unterschieden zwischen dem persönlichen Nirvāṇa, dem Ziel eines jeden Ausübenden des Kleinen Fahrzeugs, und dem Nicht-verweilenden-Nirvāṇa (mi gnas pa'i mya ngan las 'das pa) eines vollkommen erleuchteten Buddha, dem Ziel im Großen Fahrzeug.

Oddiyāna (U rgyan): ein wohl mythisches Land, dessen Bewohner als herausragende tantrische Yogis gelten, lokalisiert in etwa im heutigen Nordwestpakistan.

Pfad (Mārga lam): siehe Fünf Pfade.

Potowa (Po to ba) (1031 – 1106): einer der »Drei Kostbaren Brüder«, Hauptschüler des Dromtönpa. Potowa wurde insbesondere bekannt für seine Lehrmethode auf der Grundlage der großen Textüberlieferungen.

Prāsaṅgika-Madhyamaka-Philosophie (dbu ma thal 'gyur): Dem berühmten tibetischen Meister Je Tsongkhapa zufolge stellt diese buddhistische Lehrmeinung, die sich auf Nāgārjuna in der Interpretation des Candrakīrti beruft, die philosophischen Aussagen des Buddha am tiefgründigsten dar (siehe auch Leerheit und Inhärente Existenz).

Reiner Bereich (dag pa'i zhing): besondere Bereiche, die von Buddhas emaniert sind, um Lebewesen die Praxis des Dharma unter idealen Bedingungen zu ermöglichen. Ein besonders bekannter Reiner Bereich ist Sukhāvati.

Rūpakāya (gzugs kyi sku): die Manifestationen, in denen der Dharmakāya eines Buddha Gestalt annimmt, um die Wesen zur Befreiung zu führen, in welcher Form auch immer es ihren Voraussetzungen gemäß möglich ist. Deswegen ist der Formkörper die höchste Verwirklichung des Wohls anderer.

Saṅgha (dge 'dun): eine Person, die zumindest den Pfad des Sehens erreicht hat und den anderen dadurch auf dem Weg Vorbild und Helfer sein kann. Da nicht bekannt ist, wer den Pfad des Sehens erreicht hat, wird eine Gruppe von vier vollordinierten Mönchen, vier vollordinierten Nonnen oder vier besonders qualifizierten Praktizierenden des Tantra als Ersatz-Saṅgha verehrt.

Śākyamuni (Śākya thub pa): der historische Buddha, der vor etwa 2 500 Jahren in Indien gelebt und seine Lehre verbreitet hat.

Śāntideva (Zhi ba lha) (687 – 763): indisch-buddhistischer Meister des Großen Fahrzeugs, dessen Hauptwerke »Eintritt in das Leben zur Erleuchtung« (Bodhisattvacaryāvatāra) und »Kompendium der Schulungen« (Śikṣāsamuccaya) neben scharfsinnigen Darlegungen der Madhyamaka-Philosophie besonders gute Erklärungen zu Motivation und Verhalten des Bodhisattva enthalten. Śāntideva übermittelte die Lehren des »Austauschens zwischen sich Selbst und den anderen.«

Sechs Daseinsklassen ('gro ba rigs drug): siehe Drei gute und Drei schlechte Daseinsbereiche. Fasst man Götter und Halbgötter zusammen, spricht man auch von Fünf Daseinsklassen.

Sechs Klassen der Begierde-Götter ('dod lha rigs drug): Götterbereiche, in denen sich die Götter an Sinnesobjekten erfreuen. Die Sechs Klassen heißen: »Vier Dynastien der großen Könige«, »33 Götter«, »Freiheit von Kampf«, »Freudevoll«, »Freude an Emanationen« und »Kontrolle über die Emanation von anderen«.

Sechs Sinneskräfte (Ṣadindrayāṇi, dbang po drug): Auge, Ohr, Nase, Zunge, Körper, Geist.

Sechs Vollkommenheiten (Pāramitā, phar phyin): Freigebigkeit, Ethik, Geduld, Eifer, Konzentration, Weisheit. Diese Tugenden sind die wesentlichen von einem Bodhisattva zu übenden Handlungsweisen; und da sie Mittel sind, die zu den Vollkommenheiten auf der Ebene eines Buddha führen, werden sie auch zur Zeit des Pfades schon als Vollkommenheiten bezeichnet.

Sechsteilige Vorbereitung (sbyor ba'i chos tshan drug):
1. Reinigung des Meditationsraums und Aufstellung von Repräsentationen von Buddhas Körper, Rede und Geist;
2. Aufstellung von Opfergaben;
3. Zufluchtnahme und Entwicklung von Bodhicitta;
4. Vorstellung des Verdienstfeldes;
5. 7-Glieder-Gebet und Maṇḍala-Darbringung;
6. Bitten um Segen.

Serlingpa (Suvarṇadvīpin, gser ling pa): einer der Hauptlehrer von Atīśa, von dem er insbesondere »Die siebenfache Anweisung über die sechs Ursachen und ihr Resultat« zur Entwicklung des Bodhicitta erhielt. Serlingpa lebte auf der »Goldenen Insel« (Suvarṇadvīpa, gser gling), mit großer Wahrscheinlichkeit die heute zu Indonesien gehörende Insel Sumatra.

Sharawa (Sha ra ba) (1070 – 1141)

Siebenfache Unterweisung von Ursache und Wirkung (rgyu 'bras bdun ma): Meditationsanweisungen zur Erzeugung des Bodhicitta, die kausal aufeinander aufbauen und denen die Schulung des Gleichmuts gegenüber nahe stehenden und feindlich gesinnten Wesen vorausgeht:
1. alle Wesen als die eigenen früheren Mütter erkennen;
2. sich ihrer Güte erinnern;
3. das Sehnen zu entwickeln, ihre Güte zurückzugeben;
4. liebevolle Hinwendung;
5. großes Mitgefühl;
6. außergewöhnliche Geisteshaltung;
7. Erzeugen des Strebens nach Buddhaschaft zum Wohle aller Lebewesen.

Sieben Juwelen der Āryas ('phags pa'i nor bdun): Vertrauen, Ethik, Hören, Geben, Selbstachtung, Rücksicht und Weisheit.

Sieben Qualitäten höherer Daseinsbereiche (mtho ris yon tan bdun): gute Familie, schöner Körper, langes Leben, Freiheit von Krankheit, gute Anlagen, Reichtum und große Weisheit.

Skandha (phung po): siehe Fünf Skandhas.

Sthiramati (blo brtan): ein berühmter Schüler Vasubandhus.

Stūpa (mchod rten): ein Monument, wörtlich »Stütze für Opferungen«, das in der Regel Reliquien großer buddhistischer Meister enthält und die Erleuchtung symbolisiert. Die üblichste »Opferung« besteht im rechtsläufigen Umschreiten des Stūpa.

Sūtra (mdo): eine Lehrrede oder Unterweisung des Buddha, die er seine Schüler lehrte, die dem Kleinen Fahrzeug oder dem Großen Fahrzeug in seiner allgemeinen Form nachfolgen.

Tārā (sGrol ma): weiblicher Bodhisattva und Verkörperung der Aktivitäten aller Buddhas.

Tantra (rgyud): wörtlich »Kontinuum, Strom«. Tantra bezieht sich auf das Kontinuum, das sich durch die Zeit der Grundlage und des Pfades bis hin zum Ergebnis der Buddhaschaft zieht. Tantra bezieht sich auf die Lehre des Geheimen Mantra und die Rede des Buddha, mit der er das Tantra darlegt. Tantra wird als eine »spezielle« Methode des Großen Fahrzeugs, bei der insbesondere die Visualisation von Gottheiten Verwendung findet, dem Sūtra oder allgemeinen Lehrreden des Buddha gegenübergestellt.

Tschäkhawa ('Chad kha ba) (1101 – 1175): berühmter Kadampa-Geshe, der besonders durch eben dieses Geistestraining in Sieben Punkten bekannt wurde, da er es erstmals öffentlich lehrte, nachdem ihm aufgefallen war, dass diese ursprünglich sehr geheime Lehre auch für Personen großen Nutzen hatte, die sie versehentlich gehört hatten.

Tsongkhapa (rJe Tsong kha pa) (1357 – 1419): einer der größten tibetischen Gelehrten und Yogis, auf dessen ausgedehnte, sektenübergreifende Lehrtätigkeit und Schriften sich die Gelugpa-Schulrichtung zurückführt; sie wird auch als »neue Kadam«-Schule bezeichnet, da Tsongkhapa die Lehren von Atīśa und seinen Nachfolgern ganz besonders in Ehren hielt.

Uttarakuru nach altindischer Kosmologie der nördliche Kontinent.

Vajrapāṇi (lag na rdo rje, phyag na rdo rje): Bodhisattva, der insbesondere für das Sammeln der Lehre zuständig ist, und Verkörperung des zornvoll-kraftvollen Aspekts aller Buddhas.

Vasubandhu (dByig gnyen) (4. Jh. n. Chr.): großer indischer Meister, der zunächst nur dem Kleinen Fahrzeug folgte, später aber, unter dem Einfluss seines Bruders Asaṅga, auch das Große Fahrzeug als authentische Lehre des Buddha akzeptierte, sich darin übte und es verbreitete. Insbesondere wird er als ein Meister auf dem Gebiet des Höheren Wisens verehrt. Hierzu verfasste er das berühmte Werk »Schatzhaus des Höheren Wissens« (Abhidharmakoṣa).

Verdienst (bsod nams): positive Geisteseindrücke, die zu Glückserfahrungen führen und Voraussetzung für eine erfolgreiche Dharmapraxis sind.

Vier Arten der Geburt (Catvāroyonayāḥ, skye gnas bzhi): Geburt aus Gebärmutter, Ei, Wärme-Feuchtigkeit und in wunderbarer Weise.

Vier Arten von Gefolge ('khor rnam bzhi): Ordinierte und Nicht-Ordinierte, jeweils männlich und weiblich.

Vier Hauptkontinente (gling bzhi): nach indischer Kosmologie vier Kontinente, die in den jeweiligen Himmelsrichtungen um den zentralen Berg Meru herum liegen. Unser Kontinent ist der südliche Kontinent Jambudvīpa.

Vier Kräfte (stobs bzhi), mittels deren ein Bekenntnis durchgeführt wird: Kraft der Stütze (d. h. Zuflucht und Bodhicitta), Kraft der Reue, Kraft des Gegenmittels, Kraft des Versprechens der Nicht-Wiederholung.

Vier Mittel des Sammelns von Schülern (Saṃgrahavastu, bsdu ba'i dngos po bzhi), auch »die Mittel zur Vervollkommnung des Geistes der Schüler« genannt: (1) das Geben von materiellen Dingen, (2) wohlklingend zu reden (in dem Sinne, dass es zu glücklichen Daseinsbereichen und zur Befreiung führt), (3) Sorge zu tragen, dass sich die Schüler sinnvoll verhalten (entsprechend den Unterweisungen, die man ihnen gibt), (4) sich selbst nach den Anweisungen zu verhalten, die man den Schülern gibt.

Vier Phänomen-Bereiche der Formlosigkeit (gzugs med skye mched mu bzhi): meditative Götterbereiche, in denen es keine Körper mehr gibt. Sie heißen: »Grenzloser Raum«, »Grenzloses Bewusstsein«, »Überhaupt Nichts«, »Spitze der Existenzenwelt«.

Vier Siegel der Lehre (chos kyi sdom bzhi, lta ba bkar btags kyi phyag rgya bzhi): Alle zusammengesetzten Phänomene sind vergänglich; alles Befleckte ist Leiden; alle Phänomene sind leer und ohne Ich; Nirvāṇa ist Frieden.

Vier vorbereitende Gedanken: kostbare Menschenexistenz, Tod und Vergänglichkeit, Karma, die Leiden des Daseinskreislaufs.

Yoga (rnal 'byor): wörtlich »Anbinden an das Echte«. Alle heilsamen religiösen Praktiken sind in diesem Sinne ein Yoga.

Zehn Dharma-Verhaltensweisen (Daśadharmacaryāḥ, chos spyod bcu): das Abschreiben der Buchstaben der Schriften, Opfergaben darbringen, Gaben geben, den Dharma hören, halten, lesen, erklären, Gebete machen, über den Sinn des Dharma nachdenken, über den Sinn des Dharma meditieren.

Zehn günstige Bedingungen ('byor ba bcu):
1. Die Geburt als Mensch
2. Die Geburt in einem zentralen Land
3. Der Besitz vollständiger Sinnesorgane
4. Freiheit davon, die Fünf extremen Handlungen begangen zu haben
5. Vertrauen in das Fundament der Lehre
6. Das Kommen eines Buddha
7. Das Lehren des Dharma durch den Buddha
8. Der Fortbestand seiner Lehre
9. Das Vorhandensein von Anhängern seiner Lehre
10. Das Vorhandensein mitfühlender Personen, die Unterstützung für die Praxis geben

Zehn heilsame Handlungen (dge ba bcu): das bewusste Unterlassen der Zehn unheilsamen Handlungen.

Zehn Hohe Ebenen (Daśabhūmi, sa bcu): Ein Bodhisattva durchläuft auf seinem Weg zur Buddhaschaft insgesamt fünf Pfade und zehn Hohe Ebenen. Die erste Hohe Ebene erlangt man zusammen mit dem dritten Pfad – dem Pfad des Sehens. Die verbleibenden neun erlangt man nacheinander auf dem Pfad der Meditation. Mit der achten Bhūmi erreicht man die Befreiung; deshalb werden die achte bis zehnte Hohe Ebene als »reine« Hohe Ebenen bezeichnet. Nach der zehnten erlangt man die Buddhaschaft. Jede Hohe Ebene besitzt zwölf besondere Eigenschaften wie zum Beispiel die Fähigkeit zum Aussenden von Manifestationen.

Zehn Richtungen (phyogs bcu): die vier Haupt- und die vier Nebenhimmelsrichtungen, oben und unten.

Zehn unheilsame Handlungen (mi dge ba bcu): eine Standard-Aufzählung von Zehn Handlungen, die langfristig leidvolle Wirkungen nach sich ziehen: drei, die mit dem Körper begangen werden: töten, stehlen, sexuelles Fehlverhalten; vier, die mit der Sprache begangen werden: lügen, Zwietracht säen, verletzende Worte, sinnloses Geschwätz; und drei, die mit dem Geist begangen werden: Habgier, Bösartigkeit, falsche Ansichten.

zentrales Land (dbus 'gyur): ein Land, in dem die Buddhalehre verbreitet ist, wird so bezeichnet.

Zwei Ansammlungen (Dvivarga, tshogs gnyis): Die beiden Ansammlungen von Verdienst und Weisheit müssen vollendet werden, um Buddhaschaft zu erlangen.

Zwei Schleier (sgrib pa gnyis): Schleier der Geistesgifte und Schleier für die Wissensobjekte

Zwölf Klassen der Götter des Formbereichs (gzugs khams gnas rigs bcu gnyis): Hier haben die Götter keine Geruchs- und Geschmackswahrnehmungen. Die zwölf Klassen entsprechen in Dreiergruppen jeweils den Vier meditativen Versenkungen, die den Formbereich ausmachen. Sie heißen »Brahma-Klasse«, »Vor Brahma«, »Großer Brahma« (für die 1. Versenkung), »Ein wenig Licht«, »Unermessliches Licht«, »Klares Licht« (für die 2. Versenkung), »Ein wenig Glückseligkeit«, »Grenzenlose Glückseligkeit«, »Ausgedehnte Glückseligkeit« (für die 3. Versenkung), »Wolkenlos«, »Aus Verdienst geboren« und »Großes Ergebnis« (für die 4. Versenkung).

Anhang 3:

Wurzeltext des Sieben-Punkte-Geistestrainings

1. man ngag bdud rtsi'i snying po ni/ gser gling pa nas brgyud pa yin/ Die Essenz des Nektars der Unterweisungen wurde von Serlingpa her überliefert.

2. rdo rje nyi ma ljon shing bzhin/ gzhung don la sogs shes par bya/ snyigs ma lnga po bdo ba 'di/ byang chub lam su bsgyur ba yin/Die Bedeutung des Textes ist wie Diamant, Sonne und Medizin-Baum. Das solltest du verstehen. (Denn) das Anwachsen der Fünf Arten von Degeneration wird in den Erleuchtungsweg umgewandelt.

[PUNKT 1]

3. dang por sngon 'gro dag la bslab/ Zuerst übe dich in den Vorbereitungen.

[PUNKT 2]

4. le lan thams cad gcig la bda'/ Gib einem alle Schuld.

5. kun la bka' drin che bar bsgom/ Meditiere, dass alle sehr gütig sind.

6. gtong len gnyis po spel mar sbyang/ Übe abwechselnd Geben und Nehmen.

7. len pa'i go rim rang nas brtsams/ Beginne das Nehmen mit dir selbst.

8. de gnyis rlung la bskyon par bya/ Lass diese beiden auf dem Atem reiten.

9. yul gsum dug gsum dge rtsa gsum/ rjes kyi man ngag mdor bsdus pa/ spyod lam kun tu tshig gis sbyang/ Drei Objekte, Drei Gifte, Drei Wurzeln des Heilsamen. Es ist die kurze Zusammenfassung der Unterweisungen für die Praxis nach der Sitzung. Übe dich in allem, was du tust, mit Worten.

[PUNKT 3]

10. snod bcud sdig pas khol ba'i tshe/ rkyen ngan byang chub lam du bsgyur/Zu Zeiten, da Gefäß und Inhalt an Unheilsamem überkochen, verwandle widrige Umstände in den Erleuchtungsweg.

11. 'phral la gang thug sgom du sbyar/ Was dir auch im Moment begegnet, bringe es mit der Meditation in Verbindung.

12. sbyor ba bzhi ldan thabs kyi mchog/Die Ausstattung mit den vier Vorgehensweisen ist die beste Methode.

[PUNKT 4]

13. stobs lnga dag la sbyang bar bya/ Übe dich in den Fünf Kräften.

14. theg chen 'pho ba'i gdams ngag ni/ stobs lnga nyid yin spyod lam gces/ Die Unterweisungen, die innerhalb des Großen Fahrzeugs zum Transfer (Todesmoment) gegeben werden, sind dieselben Fünf Kräfte. Sie sind wichtige Wege der Praxis.

15. chos kun dgongs pa gcig tu 'dus/
Alles Dharma wird in einem Gedanken zusammengefasst.

16. dpang po gnyis kyis gtso bo bzung/
Halte dich an den Entscheidenden
der beiden Zeugen.

17. yid bde 'ba' zhig rgyun du bsten/
Halte dich stets nur an den glücklichen Geisteszustand.

18. byang ba'i tshad ni log pa yin/
Maßstab für die Übung ist die
Umkehr.

19. 'byongs rtags chen po lnga ldan yin/
Zeichen für das Geübtsein ist, dass
man die fünf Größen besitzt.

20. yengs kyang thub na 'byongs pa
yin/Wenn man trotz Ablenkung dazu in der Lage ist, ist man geübt.

[PUNKT 6]
21. spyi don gsum la rtag tu bslab/
Übe dich stets in den drei allgemeinen Punkten.

22. drag 'jun spong len drag tu bya/
Widme dich konsequent zwangs-
weisem Aufgeben und Annehmen.

23. rgyu mtshan thams cad gzhom par
bya/Überwinde alle Ursachen (der
Selbstsucht).

24. bkol ba rnams la rtag tu sbyang/
Übe dich immer im Hinblick auf
die speziell empfohlenen Objekte.

25. rkyen gzhan dag la ltos mi bya/
Verlasse dich nicht auf andere Umstände.

26. 'dun pa bsgyur la rang sor bzhag/
Während du dein Bestreben verän-
derst, bleibe natürlich.

27. yan lag nyams pa brjod mi bya/

Sprich nicht über Schwachpunkte.

28. gzhan phyogs gang yang mi bsam
mo/Denke über die Angelegenhei-
ten der anderen gar nicht nach.

29. 'bras bu re ba thams cad spang/Gib
alle Hoffnung auf Ergebnisse auf.

30. dug can gyi zas spang/
Gib giftiges Essen auf.

31. gzhung bzang po mi bsten/Stütze
dich nicht auf Unverzeihlichkeit.

32. shags ngan mi rgod/Lass dich nicht
zu schlechtem Gerede hinreißen.

33. 'phrang mi bsgug/
Warte nicht im Hinterhalt.

34. gnad la mi dbab/
Sei nicht verletzend.

35. mdzo khal glang la mi 'byo/
Lade die Last des Dzo nicht auf den
Ochsen um.

36. 'gyogs kyi rtse mi gtod/
Versuche nicht, ein Rennen zu gewinnen.

37. lha bdud du mi dbab/
Verwandle Götter nicht in Dämonen.

38. skyid kyi yan lag tu sdug mi 'tshol/
Suche kein Unglück (anderer) für
(dein) Glück.

[PUNKT 7]
39. rnal 'byor thams cad gcig gis bya/
Alle Yogas sollten mit Hilfe des
einen durchgeführt werden.

40. thog mtha' gnyis la bya ba gnyis/
Es gibt zwei Handlungen für die
zwei, den Anfang und das Ende
(des Tages).

41. nyams su blang ba sla bar bslab/
Übe dich in den leichteren Praktiken.

42. gnyis po gang byung bzod par bya/
Welches von beiden einem auch
widerfährt, übe Geduld.

43. gnyis po srog dang dsngos la
bsrung/Halte die zwei sogar um
den Preis des Lebens.

44. dka' ba gsum la bslab par bya/Übe
dich in den drei Schwierigkeiten.

45. thams cad theg chen lam du bsgyur/
Verwandle alles in den Weg des
Großen Fahrzeugs.

46. khyab dang gting 'byongs kun la
gces/Trage die Wertschätzung in
alle Weiten und Tiefen.

47. rgyu yi gtso bo rnam gsum blang/
Nimm die drei wesentlichen Ursachen an.

48. rags pa gang yin sngon la sbyang/
Übe dich zuerst im Gröbsten.

49. don chen gang yin glang bar bya/
Wähle das Nützlichste.

50. nyams pa med pa rnam gsum sgom/
Meditiere über drei Aspekte, die
nicht verloren gehen sollten.

51. 'bral med gsum dang ldan par bya/
Sorge dafür, dass du die drei hast,
von denen man nicht getrennt sein
sollte.

52. log na de nyid gnyen por bsgom/
Wenn du zurückweichst, meditiere
gerade darüber (und benutze dies)
als Gegenmittel.

53. da res gtso bo nyams su blang/
Übe jetzt das Wesentliche.

54. ma 'ongs pa la rtag tu go cha bgo/
Trage in Zukunft ständig die
Rüstung.

55. go log mi bya/Hüte dich vor
falschem Verständnis.

56. res 'jog mi bya/Engagiere dich
nicht nur gelegentlich.

57. dol chod du sbyang/
Übe mit Entschlossenheit.

58. rtog dpyod gnyis kyis thar pa bya/
Verwirkliche die Befreiung durch
grobes und subtiles Untersuchen.

59. yus che mi sgom/
Mach keinen großen Wind darum.

60. ko long mi bsdam/
Rechne nicht (kleinlich oder) eifersüchtig nach.

61. yud tsam mi bya/
Mache es nicht kurzfristig.

62. 'or che mi 'dod/
Erwarte keinen Dank.

63. brtan pa thob nas gsang ba bstan/
Wenn Festigkeit erlangt ist, lehre
das Geheimnis.

64. chos rnams rmi lam lta bur bsam/
Betrachte alle Phänomene wie
einen Traum.

65. ma skyes rig pa'i gshis la dpyad/
Untersuche die Natur des ungebo-
renen Geistes.

66. gnyen po nyid kyang rang sar grol/
Auch das Gegenmittel befreit sich
am eigenen Ort.

67. lam gyi ngo bo kun gzhi'i ngang la
bzhag/Belasse die Essenz des Weges
in der Sphäre der Basis von allem.

68. thun mtshams sgyu ma'i skyes bur
bya/
Zwischen den Sitzungen handle
wie ein Zauberer.

Anhang 4:

Tibetische Transliteration der Namen und Ausdrücke

Im fortlaufenden Text wurden die tibetischen Bezeichnungen in einer Umschrift wiedergegeben, die annähernd ihrer Aussprache entspricht. In der folgenden Tabelle findet sich die zugehörige wissenschaftliche Transliteration:

Balam – ba lam

Be – 'be

Ben –'ban

Chölung Kusheg – chos lung sku gshegs

Dewatschän – bde ba can

Dingpa – lding pa

Dölpo – dol po

Drabpa – grab pa

Dragkarwa – brag dkar ba

Dromtönpa –'brom ston pa

Drosa – gro sa

Dscha – bya

Dschangseng – byang seng

Dschang-ye – byang ye

Dschayülwa – bya yul ba

Dschetsün Milaräpa – rje btsun mi la ras pa

Gänpa Töndar – gan pa ston dar

Geshe – dge bshes

Gungthang Tänpäi Drönme – gung thang bstan pa'i sgron me

Gompa Logbar – sgom pa glog 'bar

Gyälwase – rgyal ba se

Gyälwäi Dschungnä – rgyal ba'i 'jung gnas

Gyapang Sathangpa – brgya spang sa thang pa

Gyegong – dgye gong

Hashang – hva shang

Kadampa – bka' gdams pa

Kham – khams

Kyabtschog Pälsangpo – skyabs mchog dpal bzang po

Lang – glang

Langri Thangpa – glang ri thang pa

Lhatschenpo Lung-gi Wangtschug – lha chen po lung gi dbang phyug

Lhopa – lho pa

Namkha Päl – Nam mkha' dpal

Namowa – sna mo ba

Nang – snang

Nyäl – gnyal

Nyältschag Zhingpa – gnyal lcags zhing pa

Nyimäl Dülwadzinpa – nyi mal 'dul ba 'dzin pa

Nyö – gnyos

Phag – phag

Potowa – po to ba, pu to ba

Radeng – rva sgreng

Rampa Lhadingpa – ram pa lha ldings pa

187

Räntsarab – ran tsa rab
Rätschungpa – ras chung pa
Rog – rog

Sangphuwa – gsang phu ba
Se-Dschilbuba – se spyil bu ba
Se-Tschungwa – se chung ba
Shakya Sönam Gyältsän Pälsangpo –
  shākya bsod nams rgyal mtshan dpal
  bzang po
Sharawa – sha ra ba
Sharba – shar ba
Shawopa – sha bo pa

Tabkawa – stabs ka ba
Thogme Sangpo – thogs med bzang po
Tsang – gtsang
Tsi Maghi – rtsi ma ghi
Tsongkhapa – tsong kha pa
Tschäkhawa –'chad kha ba
Tschengawa – spyan snga ba

Yeshe Dorje – ye shes rdo rje
Yang-en Rinchen Ling – Yang dben rin
  chen gling

Zhang – zhang
Zho – gzho

Anhang 5: Bibliografie

»P« bezieht sich auf den japanischen Nachdruck der Peking-Ausgabe des tibetischen Kanons: Tibetan Tripiṭaka (Tokyo-Kyoto: Tibetan tripiṭaka Research Foundation, 1956ff).

»Aufzählung der Namen des Mañjuśrī«. Mañjuśrīnāmasaṃgīti; 'jam dpal mtshan brjod (P2, Bd.1). Engl. Übersetzung von Alex Wayman: »Chanting the Names of Mañjuśrī« (Boston und London: Shambala, 1985).

»Belehrungen durch Beispiele« von Geshe Potowa (1031 – 1106): Po to ba'i dpe chos rin chen spungs pa (Sarnath: Mongolian Lama Gurudev, 1965).

»Besonders hervorgehobener Lobpreis« von Udbhaṭasiddhasvāmin. Viśeṣastava; khyad par du 'phags pa'i bstod pa (P 2001, Bd.46).

»Brief an den König Kanika« von Mātṛceta/Māticitra. Mahārājakanikalekha; rgyal po chen po ka ni ka la spring pa'i phrin yig (P5684, Bd.129).

»Brief an einen Freund« von Nāgārjuna (2. Jh. n. Chr.). Suhṛllekha; bshes pa'i spring yig (P5682, Bd.129). Engl. Übersetzungen: 1) von Leslie Kawamura mit einem Kommentar von Mipham 'Jam dbyangs rnam rgyal rgya mtsho: »Golden Zephir« (Emeryville: Dharma Publishing, 1975). 2) von Geshe Lobsang Tharchin und A. B. Engle mit einem Kommentar von Ven. Rendawa, Zhon nu Lo dro: »Nāgārjuna's Letter« (Dharamsala: Library of Tibetan Works & Archives, 1979).

»Buddhāvataṃsaka-Sūtra«. Buddhāvataṃsakanāmamahāvaipulya-Sūtra; sangs rgyas phal po che zhes bya ba shin tu rgyas pa chen po mdo (P761, Bd.25 – 26).

»Eintritt in das Leben zur Erleuchtung« von Śāntideva (8. Jh. n. Chr.). Bodhisattvacaryāvatāra; byang chub sems dpa'i spyod pa la 'jug pa (P5272, Bd.99). Dt. Übersetzung von E. Steinkellner: »Eintritt in das Leben zur Erleuchtung« (Düsseldorf, Köln: Eugen Diederichs Verlag, 1981). Engl. Übersetzung von S. Batchelor: »A Guide to the Bodhisattva's Way of Life« (Dharamsala: Library of Tibetan Works & Archives, 1979).

»Eintritt in den Mittleren Weg« von Candrakīrti (6. Jh. n. Chr.). Madhyamakāvatāra; dbu ma la 'jug pa (P5262, Bd.98). Dt. Übersetzung des 6. Kapitels (Vers 166 – 226) von H. Tauscher (Wien: Wiener Studien zur Buddhismuskunde, 1981). Engl. Übersetzung des 6. Kapitels von S. Batchelor in Geshe Rabten: »Echoes of Voidness« (London: Wisdom Publications, 1983) und 1. Kapitels von J. Hopkins in »Compassion in Tibetan Buddhism« (New York: Snow Lion, 1980).

Franz. Übersetzung mit paraphrasierten Auszügen aus Tsongkhapas Kommentar von Georges Driessens:»L'entree au milieu« (Anduze: Editions Dharma, 1985).

»Flammende Argumentation« von Bhāvaviveka.Madhyamakahṛdayavṛttitarkaj-vāla; dbu ma snying po'i 'grel pa rtog ge 'bar ba (P5256, Bd.96).

»Großes Tantra der Ermächtigung des Vajrapāṇi«,Vajrapāṇyabhiṣekamahātantra; lag na rdo rje dbang bskur ba'i rgyud chen mo (P130, Bd.6).

»Grundverse über den Mittleren Weg, genannt ›Weisheit‹« von Nāgārjuna. Pra-jñā-nāma-mūlamadhyamakakārikā; dbu ma rtsa ba'i tshig le'ur byas pa shes rab ces bya ba (P5224, Bd.95).

Engl. Übersetzungen: 1) von Kenneth K. Inada:»Nāgārjuna: Translation of his Mūlamadhyamakakārikā with an Introductory Essay« (Tokyo: The Hokusei-do Press, 1970); 2) von F. J. Streng:»Emptiness« (Nashville and New York: Abingdon, 1967).

»Hohe Bodhisattva-Ebenen« von Asaṅga. Yogacaryābhūmi Bodhisattvabhūmi; rnal 'byor spyod pa'i sa las byang chub sems dpa'i sa (P5538, Bd.110).

»Jātaka-Erzählungen« von Āryaśūra. Jātakamāla oder Jātakanidāna; skyes pa rabs kyi gleng gzhi (P748, Bd.21).

Engl. Übersetzung, herausgegeben von Prof. E. B. Cowell:»The Jātaka or Stories of the Buddha's Former Births« (Delhi: Motilal Banarsidass, 1990).

Dt. Übersetzung von Dr. J. Dutoit:»Jātakam, Das Buch der Erzählungen aus den früheren Existenzen Buddhas« (Leipzig: Lotus Verlag, 1911).

»Kommentar zum Bodhicitta« von Nāgārjuna. Bodhicittavivaraṇa; byang chub sems kyi 'grel pa (P2665 und P2666, Bd.61).

»Kompendium der Übungen« von Śāntideva. Śikṣāsamuccayakārikā; bslab pa kun las btus pa'i tshig le'ur byas pa (P5336, Bd.102).

Engl. Übersetzung von C. Bendall und W. H. D. Rouse, Śikṣā Samuccaya (Delhi: Motilal Banarsidass, 1971).

»Kostbarer Kranz von Ratschlägen für den König« von Nāgārjuna. Rājaparikathā-ratnāvalī; rgyal po la gtam bya ba rin po che'i phreng ba (P5658, Bd.129).

Engl. Übersetzung von J. Hopkins und Lati Rinpoche:»The Precious Garland and the Song of the Four Mindfulnesses« (London: George Allen and Unwin, 1975). Die gleiche Übersetzung auch in »The Buddhism of Tibet« (Ithaca, New York: Snow Lion Publications, 1987).

»Lebensgeschichte des Ārya Maitreya«. Āryamaitreyavimokśa; 'phags pa'i byams pa'i rnam pa thar pa.

»Lebensgeschichte des Manibhadra«. Manibhadravimokśa; nor bzangs kyis dge ba'i bshes gnyen bsnyen bkur ba (P761.45, Bd.26).

»Lob derer, die des Lobes würdig sind« von Mātṛceta. Varṇārhavarṇebhagavate-buddhasyastotraśakyastaranāma; bsngags par 'os pa bsngags pa las bstod par mi nus par bstod pa shes bya ba (P2029, Bd.46).

190

»Schatzhaus des Höheren Wissens« von Vasubandhu. Abhidharmakośakārikā; chos mngon pa'i mdzod kyi tshig le'ur byas pa (P 5590, Bd.115).

Franz. Übersetzung von Louis de la Vallee Poussin: »L'Abhidharmakośa de Vasubhandhu« (Paris: Geuthner, 1923 – 31).

»Schmuck der klaren Erkenntnis« von Maitreya. Abhisamayālaṃkāra, mngon par rtogs pa'i rgyan (P5184, Bd.88).

Engl. Übersetzung von E. Conze: »Abhisamayālaṃkāra«, Serie Orientale Rome VI (Rom: I.S.M.E.O., 1954).

»Schmuck der Mahāyāna-Sūtras« von Maitreya. Mahāyānasūtrālaṅkāra; theg pa chen po'i mdo sde'i rgyan (P5521, Bd.108).

»Sechzig Verse über das Argumentieren« von Nāgārjuna. Yuktiṣaṣtikākārikā; rigs pa drug bcu pa'i tshig le'ur byas pa (P5225).

»Siebzig Verse über die Leerheit« von Nāgārjuna. Śūnyatāsaptatikārikā; stong pa nyid bdun cu pa'i tshig le'ur byas pa (P5227, Bd.95).

Engl. Übersetzung von Tenzin Dorje und D. R. Komito mit einem Kommentar von Geshe Sonam Rinchen: »Seventy Stanzas« (Ithaca, New York: Snow Lion Publications, 1987).

»Spezielle Verssammlung« von Dharmatrāta. Udānavarga; ched du brjod pa'i tshoms (P5600, Bd.119).

Engl. Übersetzung von Gareth Sparham et al.: »Dhammapada-Sayings of the Buddha« (Rev. ed. London: Wisdom, 1986).

»Stufen der Meditation« von Kamalaśīla. Bhāvanākrama; sgom pa'i rim pa (P5310-12, Bd.102).

»Sūtra über den Eintritt in die Mutterleib«. Āyuṣmanandagarbhāvakrānti-Sūtra; dGa' bo mngal na 'jug pa'i mdo (P760.13, Bd.23).

»Sūtra über den König der meditativen Festigung«. Samādhirāja-Sūtra; ting nge 'dzin rgyal po'i mdo (P795, Bd.31 – 32).

Engl. Übersetzung (teilweise) von K. Regamey: »Three Chapters from the Samādhirājasūtra« (Warsaw: Publications of the Oriental Commission, 1938).

»Sūtra über die Anordnung der Qualitäten im Buddhafeld des Ārya Mañjuśrī«. Ārya-Mañjuśrībuddhakṣetregaṇa-vyūha-Sūtra; 'phags pa 'jam dpal gyi sangs rgyas kyi zhing gi yon tan bkod pa'i mdo (P760.15, Bd.23).

»Sūtra über die ausgedehnten Spiele«. Lalitavistara-Sūtra; rgya cher rol pa'i mdo (P763, Bd.27).

Engl. Übersetzung (aus dem Französischen) von Gwendolyn Bays: »The Voice of the Buddha« (Berkeley: Dharma Publishing, 1983).

»Sūtra über die Baumstamm-Anordnung«. Ghandhavyūha-Sūtra; sdong pos bkod pa'i mdo (P761.45, Bd.26).

»Sūtra über die Beseitigung von Kummer«. Śokavinodana; mya ngan gsal ba (P5418, Bd.103 / P5677, Bd.129).

»Sūtra über die Fragen des Gaganagañja«. Gaganagañjaparipṛcchā-sūtra; nam mkha' mdzod kyis zhus pa'i mdo (P815, Bd.33).

»Sūtra über die Fragen des Nāgakönigs Anavatapta«. Anavataptanāgarājaparipṛcchā-Sūtra; klu'i rgyal po ma dros pas zhus pa'i mdo (P823, Bd.33).

»Sūtra über die Fragen des Subāhu«. Subāhuparipṛcchānāma-Sūtra; lag bzang gis zhus pa'i mdo (P428, Bd.9).

»Sūtra über die Fragen des Upāli«. Vinayaviniścayaupāliparipṛcchānāma-Sūtra; 'dul ba rnam par gtan la dbab pa nye bar 'khor gyis hus pa'i mdo (P760.24).

»Sūtra über die Fragen des Viradatta«. Viradattagṛhapatiparipṛcchā-Sūtra; khyim bdag dpas byin gyis zhus pa'i mdo (P760.28).

»Sūtra über die Juwelenwolken«. Ratnamegha-Sūtra; dkon mchog sprin gyi mdo (P879, Bd.35).

»Sūtra über die perfekte Zusammenfassung der Lehren«. Dharmasaṃgīti-Sūtra; chos yang dag par sdud pa'i mdo (P904, Bd.36).

»Sūtra über die Ratschläge für den König«. Rājadeśanāmamahāyāna-Sūtra; rgyal po la gdams pa'i mdo (P880, Bd.35).

»Sūtra über die Widmung des Siegesbanners«. Vajradvājaparipranit-Sūtra; rdo rje rgyal mtshan gyi yongs su bsngo ba (P761.30, Bd.25).

»Vierhundert Verse« von Āryadeva (3. Jh. n. Chr.). Catuḥśatakaśāstrakārikā; bstan bcos bzhi brgya pa zhes bya ba'i tshig le'ur byas pa (P5246, Bd.95). Edition des tibetischen Textes und der vorhandenen Sanskrit-Fragmente mit Übersetzung ins Englische von Karen Lang in: »Āryadevas Catuḥśataka: On the Bodhisattva's Cultivation of Merit and Knowledge«, Indiske Studier VII (Kopenhagen: Akademisk Forlag, 1986). Engl. Übersetzung des Kommentars von rGyal tshab rje von Ruth Sonam: »Yogic Deeds of Bodhisattvas« (Ithaca: Snow Lion 1994).

»Vinaya-Überlieferung«. Vinayāgāma; 'dul ba lung (P1045, Bd.45).

»Wunschgebet des höchsten Verhaltens«. Agracaryāpraṇidhāna; mchog gi spyod pa'i smon lam (P718, Bd.11; P5939, Bd.150).

»Wunschgebet in siebzig Versen« von Parahitaghoṣa Āraṇyaka. Praṇidhānasaptatināmagāthā; smon lam bdun cu pa shes bya ba'i tshig su bcad pa (P5430, Bd.103 / P5936, Bd.150).

»Wunschgebet über das Geben höchster Liebe«. Āryamaitrīpraṇidhāna; 'phags pa'i byams pa smon lam (P717, Bd.11/ P5925, Bd.150).

»Zusammengefasste Gāthā über die Vollkommenheit der Weisheit«. Prajñāpāramitā-sañcayagāthā; shes rab kyi pha rol tu phyin pa sdud pa tshig su bcad pa (P735, Bd.21).

15|06|06, Chödzong-Stadtteilzentrum Fürth, 10,-€